우크라이나 **Ukraine**
크림반도 **Crimean Pen.**
벨라루스 **Belarus**
몰도바 키시네프 **Moldova** Kishinev

우크라이나
크림반도
벨라루스
몰도바 키시네프

펴낸날	초판 1쇄 2021년 7월 15일
지은이	이한신
펴낸이	서용순
펴낸곳	이지출판
출판등록	1997년 9월 10일
등록번호	제300-2005-156호
주소	03131 서울시 종로구 율곡로6길 36 월드오피스텔 903호
대표전화	02-743-7661 팩스 02-743-7621
이메일	easy7661@naver.com
디자인	박성현
인쇄	(주)지오피앤피

값 16,000원

ISBN 979-11-5555-159-2 03920

※ 잘못 만들어진 책은 교환해 드립니다.

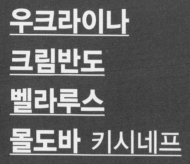

우크라이나
크림반도
벨라루스
몰도바 키시네프

옛 소련(USSR) 전문여행가
이한신의 여섯 번째 여행 기록

이지출판

우리는 왜 여행을 떠날까? 여행의 유전인자는 새로운 세상을 탐험하고 싶은 욕구에서 시작되었다고 한다. 먼 옛날부터 인류는 미지의 세상으로 여행을 했다. 그 결과 오늘날과 같이 지구별 곳곳에서 다양한 문화를 이루며 살고 있다. 앞으로 이 여행의 DNA는 우주로 향할 것이다.

이한신은 옛 소련(USSR) 전문여행가다. 또 중앙아시아 지역 최고의 전문가이기도 하다. 그 역시 강한 여행의 DNA를 타고난 듯하다. 코로나19 팬데믹 이전까지만 해도 시간만 나면 여행을 떠나기 일쑤였다. 삶의 터전인 아현동 순댓국집을 몇 개월씩 비워 두고 말이다. 누구나 오지 여행의 꿈을 꾸지만 아무나 할 수 있는 일은 아니다.

예전에 아현동 순댓국집을 방문한 적이 있었다. 음식 맛이 입안에 착 감겼다. 그때 저자의 책 《숨겨진 보물 카프카스를 찾아서》, 《파미르 하이웨이 지옥의 길 천국의 길》 등을 받았다. 집으로 가는 전철 안에서 흠뻑 빠져들었다. 나도 다녀온 이들 지역은 독특한 자연환경과 동서양 문화 교류의 유산이 남아 있는 특별한 여행지였기 때문이다.

저자의 말처럼 옛 소련 연방 국가들은 여행하기가 무척 어렵다. 독립한 후에도 대부분 러시아어를 사용하고 비자 받기도 까다롭고 비자 비용도 만만치 않다. 여행 인프라도 많이 부족하다. 파미르 고원과 모래사막 등 거친 자연환경도 많다.

하지만 이들 지역은 다른 곳에서 느낄 수 없는 여행의 즐거움을 준다. 여러 갈래의 실크로드 주변에는 동서양 문화 교류의 흔적이 많이 남아 있다. 또 음식도 맛있다. 몰도바의 와인, 중앙아시아의 빵과 양고기, 하미과는 최고다. 여행의 즐거움은 새로운 것을 보고, 맛있는 음식을 먹고 즐기는 것에도 있다.

"내 사전에 '다음 기회'라는 단어는 없다. '다음 기회에…' 하고 넘겨 버리기 쉽지만 정작 그 기회가 다시 찾아올지는 모른다."

오마에 겐이치의 《내 생애 최고의 여행》에 나오는 글귀다. 지은이는 기회가 될 때마다 삶의 우선순위를 여행으로 삼았을 것이다. 누구나 가고 싶어 하지만 아무나 쉽게 갈 수 없는 옛 소련(USSR)으로 말이다.

여행기를 읽는다는 것은 지은이의 여정에 동반자가 되는 것이다. 이번에 출간되는 《우크라이나, 크림반도, 벨라루스, 몰도바 키시네프》에 소개되는 이 지역은 100여 개 나라를 여행한 나의 여행지 1순위다. 특히 크림반도와 벨라루스는 내게 꿈의 여행지다. 자유로운 여행이 가능해지면 이 책을 가이드 삼아 여행을 떠날 것이다.

"세상은 거대한 한 권의 책이다. 여행하지 않는 사람은 세상의 한 페이지만 읽은 것이다"라는 말처럼 우리는 여행을 통해 세상을 이해하고 배우고 지혜를 얻는다. 그리고 다시 돌아와 더 열심히 더 행복하게 살아갈 힘을 얻는다. 이 책이 그런 길라잡이가 되었으면 좋겠다.

2021년 여름
여행사진가 김 원 섭

이 글은 러시아 영외 영토인 칼리닌그라드에서부터 시작된다.

서울에서 모스크바까지 6,607km, 모스크바에서 칼리닌그라드까지는 1,081km로 서울 아현동 순댓국집에서 칼리닌그라드까지 배와 기차와 버스를 타고 아기 거북이처럼 쉬엄쉬엄 찾아갔다.

블라디보스토크에서 모스크바까지 시베리아 횡단열차를 타고 9,288km, 거기서 칼리닌그라드까지 10,000km가 훨씬 넘는 거리를 비행기도 아니고 바다와 땅을 밟아가며 걷고 또 걸었다.

슬라브 지역은 비슷한 언어와 지리적 위치에 따라 세 곳으로 나뉜다. 동유럽의 서슬라브 민족과 옛 유고슬라비아 연방인 지금 발칸반도의 남슬라브 민족, 그리고 전체 슬라브 민족의 약 절반을 차지하는 러시아와 같은 동슬라브 민족이다. 이번 여행의 목적지는 이곳 우크라이나, 크림반도, 벨라루스, 몰도바다.

우크라이나는 유럽 전체에서 영토가 가장 넓고 동유럽에서 인구가 가장 많은 나라다. 또 비옥한 토지와 미인들이 많아 미국 온라인 여행잡지 《트레블러스 다이제스트》가 세계 10대 미녀 도시를 선정했을 때 우크라이나 키예프의 여성이 1위로 뽑혔다. 그래서 이곳을 여행하는 남성들은 눈을 크게 뜨고 정신 똑바로 차리고 다녀야 한다. 안 그러면 열려 있는 맨홀 아래로 떨어지기 십상이다. 나도 맨홀에 빠질 뻔했던 경우가 한두 번이 아니다.

이번 여행에서 우크라이나는 지형적으로 동유럽의 가운데에 위치하여 여러 번 방문하게 되었다.

크림반도는 옛 소련 시절부터 공산당 간부들의 휴양지로 유명한 심페로폴, 세바스토폴, 얄타, 소치가 위치하고 있어 연중무휴 러시아인들 뿐만 아니라 주변국에서 몰려드는 여행자들로 인산인해를 이룬다. 여행을 하다 보면 너무 많은 사람들로 가끔 피곤할 때가 있는데 크림반도도 그렇다.

우리 귀에 익숙한 얄타 회담은 1945년 2월 소련의 이오시프 스탈린과 미국의 프랭클린 루스벨트 그리고 영국의 윈스턴 처칠 등이 얄타에 모여 2차 세계대전 패전국인 독일에 대한 문제와 한반도에 남아 있는 일본군을 무장 해제시킨다는 명목으로 38선을 중심으로 군대를 주둔시켜 미국과 소련 군정의 시발점이 되었던, 우리 입장에서는 야속한 크림반도다.

벨라루스는 유럽의 허파, 유럽의 마지막 독재국가, 마르크 샤갈의 고향, 리듬체조 잘하는 나라, 우크라이나 키예프 미녀와 함께 피부가 하얀 미녀가 많은 나라 등 여러 가지 별명을 가지고 있지만, 아직까지도 정식 비자 받기가 까다로워 쉽게 여행할 수 없는 나라다.

그런데 대한민국 여권은 2019년 1분기에 발표한 영국의 헨리 여권 지수 순위에서 사전 비자 없이 방문할 수 있는 나라가 189개국으로 세계 2위의 여권 파워를 가지고 있다.

2018년에는 국가의 범위를 어디까지 보느냐, 아니면 자료 출처에 따라 대상국의 숫자를 다르게 발표하는 캐나다의 아톤 캐피탈 여권 지수 순위에서 사전 비자 없이 방문할 수 있는 나라가 162개국, 세계 1위를 기록했다. 그만큼 파워를 가진 대한민국 여권을 가지고도 벨라루스는 반드시 비자가 필요할 만큼 지금까지도 일반 여행자가 발을 들여놓기가 쉽지 않다.

옛 소련이 막 해체되고 열다섯 연방공화국의 비자를 받을 때처럼 최근까지 벨라루스를 여행할 적마다 비자 받은 생각을 하면 참으로 버거웠다.

중앙아시아 투르크메니스탄 비자 못지않게 힘겨운 나라다. 투르크메니스탄은 현재도 어렵사리 비자를 받아 입국해도 반드시 가이드이자 감시자인 현지인과 함께 여행을 해야 한다. 하지만 다행스럽게도 벨라루스는 혼자 여행이 가능하다.

그래도 대한민국과 벨라루스는 2017년 2월 12일부터 입출국 날짜를 포함해 5일간 비자 면제 입국 절차를 도입하여, 하나의 나라로 생각하는 러시아를 통하지 않고 인접 국가에서 민스크 국제공항을 통해 입출국할 수 있다.

그렇게 힘들다는 벨라루스 여행을 여러 번 다녀온 나를 조금 이상한 사람으로 바라보며 고개를 갸우뚱하는 것이 당연할지도 모른다. 그런데 벨라루스와 우리나라가 매우 비슷한 것이 있는데 백의민족이라는 것이다. 벨라루스의 벨라는 하얀색, 루스는 민족을 의미하는 것으로 우리나라처럼 벨라루스 사람들도 하얀색을 무척 좋아한다.

몰도바에 다녀온 이야기를 하면 많은 이들이 휴양지이자 신혼 여행지로 유명한 인도양 중북부의 몰디브로 착각할 만큼 몰도바는 아직까지도 우리에게 멀리 떨어져 있는 나라다.

몰도바도 벨라루스와 투르크메니스탄 못지않게 비자 받기가 무척 까다로운 나라였는데, 2014년 1월 3일부터 한국인은 90일간 무비자 입국이

가능해졌다.

옛 소련 연방공화국들이 초창기에는 모두 비자 받기가 무척 힘들었지만 지금은 벨라루스와 투르크메니스탄이 어렵고 그 외는 그렇지 않다. 이처럼 생소한 나라지만 프랑스, 이탈리아, 스페인을 비롯해 유럽에서 와인을 사랑하는 사람들이 최고로 꼽는 나라가 몰도바다.

여행을 다녀온 후 특히 우크라이나는 그동안 많은 변화가 있었다. 우크라이나 자치공화국이던 크림반도가 우크라이나로부터 독립을 선포하고 2014년 3월 러시아와의 합병을 결정하였다. 유엔 대부분의 국가가 합병을 인정하지 않지만 크림반도는 분명 러시아 영토로 편입되었다. 마치 팔레스타인을 전 세계 대부분의 국가가 하나의 국가로 인정하고 있는데 대한민국과 미국, 캐나다, 유럽연합, 일본은 인정하지 않는 것처럼.

하지만 유엔 회원국 70%가 팔레스타인을 국가로 인정하고 있으니 모순이다. 살아가면서 정의와 진리가 정답이 아닌 경우가 허다한데. 여행을 하면서도 정답이 정답이 아닌 경우를 자주 보게 된다.

또한 우크라이나 동부 돈바스 지역인 도네츠크, 루안스크, 슬로반스크, 하리코프 등은 우크라이나로부터 독립을 선포하고 현재도 정부군과 교전을 하고 있는 준 전쟁 상태다.

우크라이나의 크림반도, 지금은 러시아의 크림반도 그리고 우크라이나 동부 지역이 도네츠크 독립공화국과 하리코프 독립공화국으로 나뉘어 혼란스러운 상황이지만, 지역을 따라 첫발을 디딘 곳부터 여러 차례 다녀온 곳까지 추억의 시간들을 되돌아본다.

제1장은 2009년 속초에서 배를 타고 러시아 자루비노항으로 입항해 블라디보스토크에서 시베리아 횡단열차를 타고 모스크바에 도착하여 다시 모스크바에서 발트 3국인 에스토니아, 라트비아, 리투아니아를 지나 칼리닌그라드, 벨라루스, 우크라이나 키예프에서 기차를 타고 카자흐스탄 알마티까지 여행한 91일간의 기록이다.

제2장은 2011년 인천에서 배를 타고 중국 청도로 입항해 베이징을 거쳐 실크로드와 중앙아시아의 길목인 중국 신장의 성도 우루무치에서 기차를 타고 카자흐스탄 알마티까지, 또다시 알마티에서 기차를 타고 우즈베키스탄 타슈켄트까지 아내와 함께했다. 그리고 타슈켄트에서 출발하여 러시아 모스크바에 도착해 다시 기차를 타고 발트 3국인 에스토니아, 라트비아, 리투아니아를 지나 칼리닌그라드, 벨라루스, 우크라이나, 루마니아의 동부 지역인 몰다비아 지방과 몰도바로 향했다.
여행할 당시에는 우크라이나의 크림반도, 이 글을 정리한 2021년에는 러시아 크림반도에서 흑해와 아조프해를 잇는 케르치 해협을 화물선을 타고 건너 2014년 동계 올림픽이 개최되었던 소치에서 쾌속정을 타고 터키 트라브존으로 입항해 캅카스 3국의 조지아(옛 그루지야), 아르메니아의 예레반에서 카자흐스탄 알마티까지 여행한 78일간의 기록이다.

제3장은 2012년 아내와 함께 동해에서 배를 타고 블라디보스토크항으로 입항해 시베리아 횡단열차를 타고 모스크바로, 이어서 상트페테르부르크에 도착했다. 그리고 칼리닌그라드까지 이동해 벨라루스, 우크라이나, 몰도바, 크림반도, 다시 우크라이나, 벨라루스, 발트 3국인 리투아니아,

라트비아를 지나 바이칼 아무르 철도길을 따라 유라시아 대륙을 한 바퀴 돌아 블라디보스토크에서 동해로 입항한 61일간의 기록이다.

옛 소련과 무슨 인연이 이리도 질긴지, 이번에 동슬라브 지역을 여행하면서 메모한 노트를 정리하면 옛 소련 열다섯 연방공화국에 대한 나름대로의 여행기를 일단 마무리한다.

제일 먼저 신장 위구르 지역을 포함해 카자흐스탄, 키르기스스탄, 타지키스탄, 우즈베키스탄, 투르크메니스탄의 중앙아시아 여행기를, 두 번째는 캅카스 3국인 조지아, 아르메니아, 아제르바이잔 여행기를, 세 번째는 발트 3국인 에스토니아, 라트비아, 리투아니아 여행기를, 네 번째는 시베리아 횡단열차와 바이칼 아무르 철도 여행기를, 다섯 번째는 파미르 하이웨이 여행기를 출간했지만 아직도 많이 부족하다는 생각이 든다.

하지만 91일간, 78일간, 61일간 여행을 하면서 그 길 위에서 만난 친구들에게 감사와 고마움을, 그리고 다섯 권의 책을 출간할 때마다 푸석푸석 다듬어지지 않는 일기장을 매끈하게 만들어 준 이지출판사 서용순 대표님과 추천의 글을 써 준 김원섭 여행사진작가에게 감사드린다.

무엇보다도 정신적·육체적으로 함께했던 아내에게는 말과 글로 표현하기 어려운 더없는 뜨거운 마음을 전한다. 이제 선반 위에 먼지가 잔뜩 묻어 있는 일기장을 꺼내 희미한 흑백 필름을 하나하나 펼치면서 여러분과 함께 우크라이나, 크림반도, 벨라루스, 몰도바(키시네프)로 떠나보려 한다.

2021년 여름
아현동 순댓국집에서

차례

제3장 61일간의 여행길

우크라이나 Ukraine
크림반도 Crimean Pen.
벨라루스 Belarus
몰도바 키시네프 Moldova Kishinev

제1장

91일간의 여행길

우크라이나 수도 키예프로

마더랜드 또는 조국기념물

속초를 떠나 여행 63일째 키예프로

2009년 속초에서 배를 타고 러시아 자루비노항으로 입항해 블라디보스토크에서 시베리아 횡단열차를 타고 모스크바에 도착했다. 그리고 모스크바에서 발트 3국인 에스토니아, 라트비아, 리투아니아를 지나 칼리닌그라드와 벨라루스를 거쳐 여행 63일째 우크라이나 수도 키예프에 도착했다. 표준거리 7,293km를 10,000km도 넘게 돌고돌아서 온 것이다.

비행기 한두 번 갈아타면 아프리카든 남미든 지구 끝자락까지도 하루 만에 갈 수 있는 세상인데 무슨 생각으로 이렇게

혁명 광장 또는 마이단 광장 독립기념비(승리여신상)

돌아돌아 왔을까?

토요일에 도착한 키예프에는 여기저기서 크고 작은 시위가 벌어지고 있었다. 확성기를 높이 쳐들고 현 대통령과 여당은 미국과 EU로, 크림반도를 중심으로는 러시아로 반반씩 갈려 정치적으로 꽤나 시끌벅적했다.

옛 소련 국가 중 2003년에 맨 처음으로 캅카스의 조지아 장미혁명에 이어 2004년에 두 번째 발생한 우크라이나 오렌지혁명의 흔적이 키예프 이곳저곳에서 눈에 띄었다.

오렌지혁명 10년이 지난 2014년에도 반러시아 친서방을 외치며 정권 교체가 목적이었던 마이단혁명이 또 일어났고, 2019년 4월 1일 대통령 선거를 치르면서도 이러지도 저러지도 못하는 미스터리 혁명이 언제까지 이어질지 모르는 우크라이나다.

이러한 혁명은 2005년 중앙아시아 키르기스스탄에서도 벨벳혁명으로 이어졌지만, 조지아의 장미혁명이든 우크라이나의 오렌지혁명이든 키르기스스탄의 벨벳혁명이든 2021년 현재까지도 미완성의 시간들로 남아 있다.

민주화 혁명은 비단 옛 소련 국가들뿐만 아니다.
2010년 튀니지의 재스민혁명은 아랍과 아프리카 민주화의 도화선이 되었고, 2011년 이집트의 반독재 시위는 아랍의 봄으로, 그리고 모로코, 알제리, 리비아, 요르단, 시리아, 예멘, 바레인 등 아랍 전역에서 독재자들을 향해 울부짖는 민중들의 소리로 들끓었다.
2014년 홍콩의 노란우산 민주화 혁명은 2020년 홍콩 정부가 추진한 범죄인 인도 법안 사태와 관련해 지금까지 민주화 시위가 이어지고 있고, 2018년 기름값 문제로 촉발된 프랑스의 노란조끼 시위, 그리고 대한민국도 2016년 겨울부터 2017년 봄까지 촛불시위로 무척 혼란스러웠다.

전쟁기념비와 결혼피로연

드네프르 강가를 중심으로 길게 뻗은 공원은 키예프의 아름다운 풍광을 즐길 수 있는 곳이다. 토요일 오후에는 결혼식을 올린 신혼부부들이 공원을 거닐며 사진을 찍고 있다.

거리에는 각양각색의 바(Bar)들이 눈에 많이 띈다. 키예프의 거리는 정치적 상황만큼이나 어수선한 느낌이다.

하지만 나는 당분간 키예프에서 머물기로 했다.

19

여행 64일째 키예프 기차역

우크라이나 키예프 기차역에서는 카자흐스탄 수도 아스타나로 가는 기차가 있고 러시아 극동 지역인 블라디보스토크까지 가는 기차도 있다.

2014년 3월 피 한 방울 흘리지 않고 크림반도를 합병한 러시아가 우크라이나 동부 지역까지 영향력을 확대해 가면서 러시아와 우크라이나의 관계가 극도로 악화된 상황이라, 모스크바와 키예프의 항공 노선도 중간에 갈아타야 하고, 러시아 각 지역으로 가는 기차가 운행되는지는 다시 확인을 해 봐야 한다.

아제르바이잔 바쿠까지 가는 기차도 운행되는데, 크림반도 분쟁 이전인데도 외국인한테는 국경선을 개방하지 않았다.

하지만 모스크바에서 바쿠까지 운행하는 기차는 국경선이 열려 있으나 러시아의 북캅카스 지역과 캅카스 3국과의 관계가 워낙 변화무쌍하여 하루하루가 다르다.

예전에는 지구의 1/6을 차지하는 거대한 한 나라였으니 이상할 리가 없지만, 대한민국 여행자의 눈으로 바라볼 때는 그 넓디넓은 옛 소련 지역 방방곡곡으로 기차가 연결된다니 신기하기만 하다.

키예프 기차역 넓은 홀 안에는 옛 소련 각 지역으로 가려는 사람들로 북적거리고, 나는 정치와는 무관하게 그저 기차를 타고 옛 소련 구석구석으로 달려갔으면 하는 마음이다.

지하철은 모스크바니 상트페테르부르크처럼 박물관 같은 느낌은 아니지만 옛 소련의 핵폭탄 방공호 역할을 했던 만큼 깊이가 만만치 않다. 그리고 에스컬레이터의 속도가 우리나라보다 몇 배나 빠르고, 특히 아르세날

나 지하철역에서는 자그마치 5분 20초나 타고 내려간다.

키예프 시민들의 중요한 교통수단인 지하철은 빨강, 녹색, 보라색 3개의 노선이 X자 모양으로 이루어져 있어 키예프에서 10일 머무는 동안 지하철은 나의 발이 되어 주었다.

여행 65일째 오랜만의 휴식

오늘은 숙소에서 밀린 빨래도 하고
침대에서 뒹굴며 낮잠 자고
책 보고
보드카도 한잔하고
늘어지게 휴식을 취했다.

여행 66일째 별 2개짜리 호텔에서

내가 묵고 있는 호텔은 골로시브스비스키라는 지역 이름을 딴 별 2개짜리로, 녹색 노선 2호선의 마지막 지하철역인 루비드스카에서 내려 버스를 타고 15분 정도 더 가야 하는 외곽에 있다. 닛산과 리젠트 자동차 매장, 그리고 EKO 마트가 있는 주로 공장 노동자들이 살고 있는 동네다.

한 층에 약 20개의 룸이 9층까지 있는 제법 큰 호텔이지만 숙박비가 저렴하여 외부에서 온 노동자들이 많이 머물고 있다. 그들은 일을 마치고 돌아와 보드카를 한잔하면서 밤늦게 또는 새벽까지 이야기를 주고받았다. 그야말로 보통 사람들이 살아가는 인간미 넘치는 호텔이다.

서울이나 키예프나 소시민들이 살아가는 모습은 거기서 거기다.

혁명 광장 또는 마이단 광장 분수대

　키예프 이곳저곳을 둘러보고 호텔로 돌아가는 버스를 탈 때마다 얼마나 사람이 많은지, 운전사에게 직접 버스비를 한 번도 내지 못하고 거스름돈도 승객들을 통해 주고받았다.

　키예프뿐만 아니라 옛 소련 열다섯 공화국의 대도시에서 버스를 타면 안내양이 있어도 사람이 많으면 승객한테 버스비를 전달하고 거스름돈을 주고받곤 했는데, 이 풍경도 지금은 거의 다 사라졌다.

　버스비뿐만 아니라 정류장도 정해진 곳이 없어서 내릴 때쯤 고함치듯 큰 소리를 지른다거나 앞 승객에게 전달해서 내리곤 한다.

　우리나라도 발 디딜 틈 없이 사람이 많으면 버스 안내양이 짐짝 구겨 넣듯 하던 때가 있었다. 1970년대를 상징하던 그 버스 안내양은 1982년 시민 자율버스가 등장하고 서울 올림픽이 열리던 1988년에 버스 개혁이 시작되면서 말 그대로 추억 속으로 사라져 버렸다. 지나간 것은 모두 추억이 되니 지금 이 순간도 언젠가 추억으로 기록될 것이다.

　내가 머무는 호텔은 화장실과 샤워실은 공동이지만 커다란 창문이 달린 시원한 싱글 룸으로 하루에 24달러 207흐리브냐 31,660원이다. 호텔과

성 소피아 대성당 종탑

구시가지를 지하철과 버스로 오가며 키예프 사람들의 살아가는 모습을 엿보며 즐기는데 싸고 편하긴 하다.

5일째 되는 날 버스 타는 번거로움을 덜기 위해 숙소를 옮기려고 구시가지에 있는 야로슬라브 유스 호스텔을 찾았다. 2009년까지는 키예프 구시가지 주변에 호스텔이 드물었는데, 음식을 맘대로 만들어 먹을 수 있는 주방과 썰렁할 정도로 넓고 시원한 4인실 침대 하나를 15달러 130흐리브냐 19,900원에 얻었다. 4~5일 머물 거라며 하루 방값을 미리 지불하고 내일 오겠다고 하자, 주인장은 이제 막 문을 열었으니 홍보 좀 해달라고 부탁했다.

여행 67일째 숙소를 옮기다

콘트라크토바 플로샤 지하철역에서 걸어 5분 거리인 야로슬라브 유스 호스텔로 숙소를 옮겼다.

오픈한 지 얼마 되지 않아 배낭여행자들도 거의 없어 조용하고 주방도 편리한데, 한 가지 아쉬운 것은 일하는 사람들이 너무 무뚝뚝했다.

호스텔에서 10분 정도 걸어가면 24시간 운영하는 대형 마트가 있는데 일본 스시 코너에서 우리 김밥과 김치, 심지어 인삼차까지 중국과 일본 것으로 포장하여 팔리고 있어 씁쓸했다.

2021년 1월 현재까지도 중국은 파오차이라는 채소 절임 요리가 한국으로 전파되어 김치가 되었다는 김치의 동북공정을 주장하고 있고, 일본 역시 한국 김치는 중국에서 유래되었다는 황당한 언론 기사를 보았다.

강한 자만이 살아남는 세상일까?

여행 68일째 카자흐스탄 아스타나행 기차표를 사다

우크라이나 키예프에서 카자흐스탄 아스타나까지 가는 기차표를 샀다.

옛 소련 열다섯 공화국을 여행하면서 표를 살 때처럼 습관적으로 여권을 내미니 이제는 그런 것 필요 없다면서 귀여운 역무원 아가씨가 피식 웃었다. 3등석 쁠라치까르따 가격은 174달러 1,480흐리브냐 226,350원. 다음 주 화요일에 출발하여 밤낮없이 3박4일간 77시간을 달려 금요일 카자흐스탄 아스타나에 도착할 예정이다.

우크라이나 키예프 역을 출발한 기차는 러시아의 볼가 지역을 관통해

카자흐스탄 아스타나 기차역에 도착할 때까지 러시아와 카자흐스탄의 국경선을 넘나든다. 지금은 이 노선도 크림반도 분쟁으로 운행되지 않을 수 있다.

키예프 기차역은 모스크바나 상트페테르부르크는 물론 극동 지역인 블라디보스토크와 캅카스의 아제르바이잔 바쿠까지, 그리고 중앙아시아와 발트 3국까지 가는 기차를 타고 내리는 수많은 사람들로 언제나 인산인해를 이루고 있다.

홀로도모르 희생자 추모탑

키예프(크이브)를 처음 만든 크이 4남매 조각상

모스크바 아홉 개 기차역만큼이나 역동적인 기차역 앞에는 옛 소련 각 공화국들의 식당이 즐비하다. 아파트를 임대한다는 아주머니들이 피켓을 들고 손님을 기다리는 모습은 마치 흑백 시간 위에 머무는 느낌이다.

여행 69일째 키예프 야외 헬스장

옛 소련 열다섯 공화국 구석구석을 여행하면서 오늘 같은 야외 헬스장은 처음 보았다.

1,000평 정도 되는 맨땅에 각종 기구를 땅에 묻어 놓고 그 위에 벤치와 아령을 쇠사슬로 묶어 놓았는데, 영화에서 죄수들을 도망가지 못하도록 꽁꽁 묶어 놓은 것처럼 보였다.

아령이나 벤치의 무게보다 묶어 놓은 쇠사슬이 더 무거울 것 같은데, 자세히 보니 아령과 벤치가 아니고 기차에서 뜯어 낸 부속과 바퀴였다. 사람들은 이 기구들을 들면서 진땀을 흘리고는 준비해 온 세면도구를 들고 옆에 있는 드네프르 강에 가서 수영으로 마무리한다.

옛 소련의 철도 넓이는 전 세계 대부분의 나라들이 가장 많이 사용하고 있는 1,435mm 표준 궤간보다 넓은 1,524mm 광궤를 사용하고 있어 보기에도 훨씬 커 보인다.

참고로 영국과 일본 등 몇몇 나라는 표준 궤간보다 폭이 훨씬 좁은 1,062mm 협궤를 사용하고 있다.

운동하는 모습을 지켜보고 있으려니 문득 옛 소련 선수들이 올림픽에서 각종 메달을 휩쓸던 기억이 떠올랐다.

프레스센터

옛 소련 시절 1979년까지 장장 15년 동안 독주를 했던 세계 최강 아이스하키 팀을 선두로 1970년부터 1990년대까지 동계올림픽에서 대부분 1위를 차지하였고 하계올림픽에서도 미국과 선두를 다투던 시절이 있었는데, 우크라이나를 포함해 옛 소련이 해체된 지 30년이 되었으니 이제는 사람들의 기억 속에서 서서히 지워져 가고 있다.

9월 말인데 드네프르 강가에는 아직도 많은 사람들이 수영인지 샤워인지를 하고 있고, 이들은 한겨울에도 이 살벌한 야외 헬스장에서 운동을 하고 꽁꽁 얼어붙은 드네프르 강으로 향한다고 한다.

여행 70일째 키예프 한국 식당에서

집에서 먹는 음식과는 비교할 수 없지만 그래도 타지에서 먹는 우리 음식은 꿀맛 그 자체다. 2009년 9월 키예프에는 한국 식당이 두 곳 있었는데 어제 점심은 한강식당에서, 오늘 점심은 한국관에서 김치찌개와 보드카

키예프 국립오페라극장

한잔으로 마무리했다.

고려인이 운영하는 아리랑식당도 있지만, 아직까지는 유동적인 교민을 포함해 3백 명 미만이어서 북적거리는 다른 나라의 식당에 비해 한산했다.

두 식당 모두 시내에서 좀 떨어져 있어 여행자 입장에서는 불편할 수 있지만, 버스와 지하철을 타고 식사를 하러 가는 재미도 괜찮았다.

북부 아프리카의 모로코와 남부 유럽의 모나코처럼 동유럽의 몰도바와 휴양지로 유명한 인도양의 몰디브가 헷갈리는 것처럼, 간혹 우크라이나와 우즈베키스탄을 착각하는 사람들도 있으니 이해한다.

여행 71일째 즉석 연주회를 즐기다

　구름이 잔뜩 끼고 바람이 불자 노랗게 물든 나뭇잎이 거리에 수북이 쌓인다. 일요일 드네프르 강을 따라 아름다운 공원길을 걷다 보니 즉석 연주회가 벌어지고 있다.

　어린 소녀부터 머리카락이 희끗희끗한 할아버지까지 통기타, 클래식 기타, 전자기타 그리고 바이올린과 색소폰을 신나게 연주했다. 그냥 좋아서 연주하는 것이니 바라보는 사람도 부담 없이 동전 한 닢 선물하고는 맘껏 즐겼다. 그냥 신나고 즐겁게 연인이나 가족과 함께 산책하며 여유를 즐기는 모습이 아름답기만 했다.

포딜 전경

 옛 소련 열다섯 공화국의 각 도시에는 주말에 벼룩시장이 열리는 장터가 있는데, 키예프 구시가지 꼬불꼬불한 길을 따라 늘어선 벼룩시장에도 볼거리가 많다.

 구시가지 보드리보스 대로에 먼지와 손때 묻은 물건들을 언덕길 위에 진열해 놓고 여행자의 발길을 멈추게 한다. 거리의 볼거리도 멋지고 그림과 조각을 모아놓은 것들도 흥미진진하다. 보는 것만으로도 절로 신이 난다.

 그림과 조각들을 구경하다가 다리가 아플 때쯤 울창한 숲에서 감미로운 음악이 흘러나온다. 아무 계단에 앉아 두 눈을 감고 음악을 듣고 있으면 마약에 취한 것처럼 아름다운 우크라이나 미녀가 여행자를 위해 연주하는 것 같은 착각에 빠진다. 이런 착각은 황홀하기만 하다.

돌길과 하늘이 예쁜 파스텔톤의 성 앤드류 교회

여행 72일째 키예프에서는 돈을 물같이 보라

키예프에 머문 지 열흘째다.

경찰, 군인, 넥타이를 맨 중년신사와 고급스런 정장을 입은 여성들도 출퇴근하면서 과자나 햄버거를 먹으며 맥주병을 들고 다니는 모습은 키예프의 색다른 모습이다. 그리고 대부분 담배를 물고 있는 것도 흥미롭지만, 교회와 성당을 제외하고는 아름다운 거리와 공원에서 먹고 마시고 피우고 버리고 간 쓰레기가 수북이 쌓인 낙엽과 높이가 비슷하다. 마치 어지러운 정치 색깔과 비슷하다.

낯선 길에서 조심해야 할 것이 한두 가지가 아니지만 키예프에서는 특히 소매치기를 조심해야 한다. 한적한 길에 여행자가 지나가면 여러 명이 조를 이룬 소매치기 그룹이 나타난다. 그들 중 한 명이 여행자 앞에 두툼한 하얀 돈봉투를 일부러 떨어트린다. 그러면 여행자가 호기심에 그 돈봉투를 주워 열어본다.

바로 그때 돈봉투를 떨어트린 일당과 뒤따라오던 또 다른 일당 그리고 주변에 있던 무리들이 갑자기 몰려들어 어수선한 분위기를 만든다.

돈봉투를 떨어트린 일당이 그 봉투 안에 든 돈 얼마가 없어졌다고 소란스럽게 떠들면서 여행자의 지갑을 확인해 보자고 한다. 그땐 이미 여행자의 돈은 바람과 함께 사라진다.

러시아어와 영어를 빠르게 섞어 가며 혼란스러운 상황을 틈타 순식간에 일이 벌어지니, 키예프에서는 돈을 물같이 봐야 탈이 없지 그렇지 않으면 당하기 십상이다.

키예프에서는 길바닥에 떨어진 돈을 절대 줍지 말아야 하고, 여자도 돌같이 봐야 한다.

이런 모습을 보고 있으면 아름다운 키예프가 오히려 피곤하게 느껴지기도 하니 정말 아이러니하다.

성 미하일 황금돔 수도원

키예프에서 카자흐스탄 아스타나로

여행 73일째 키예프를 떠나다

열하루 만에 우크라이나 키예프를 떠난다.

키예프 기차역에서 화요일 오후 5시 36분에 출발하여 10월 2일 금요일 밤 10시 38분 카자흐스탄 아스타나 기차역에 도착할 때까지 3박4일 동안 기차에서 먹을 음식을 준비했다.

물 0.5리터와 1리터 각 1병씩, 보드카 250ml, 350ml, 750ml 각 1병씩, 라면 8개, 사과 8개, 녹차와 커피 각 1통씩, 각설탕 1통, 식빵 1개, 치즈 3개, 소시지 1개, 말린 생선 8봉투, 캔고등어 3통, 삶은 계란 5개, 주스 1리터 1병, 소금과 고추 등을 사는데 37.8달러 317흐리브냐 약 49,200원 들었다.

간혹 처음 만난 여행자와 음식을 나눠 먹기도 하니 넉넉히 준비해야 한다.

기차 안에서 역무원이 생필품과 먹을 것을 팔고 좀 비싼 식당칸도 있지만 사람들은 마음 편하게 먹을 수 있는 음식을 준비한다.

기차를 며칠씩 타고 가니 짐이 한두 개가 아니다. 침대 밑과 선반 위에 이삿짐같이 큰 보따리가 가득한데, 우리 문화로는 이해하기 어려운 생경한 풍경이다.

옛 소련이 해체된 지 18년이 지났지만 각 공화국의 기차역에 가보면 아직도 한 나라인 것 같은 착각을 일으킨다. 정신없고 혼란스럽기도 하지만 많은 것을 배우고 경험할 수 있는 공간으로 피부색과 종교와 문화가 다르지만 그 중심에는 옛 소련 냄새가 물씬 난다. 그리고 드넓은 옛 소련의 모든 지역은 러시아어로 통한다.

기차가 출발하고 티켓을 확인한 후 내일 새벽 러시아 발루이끼 국경선에 도착하여 작성할 세관 서류를 받아 침대를 정리하고 나니 날이 저물었다. 그러자 다들 저녁 식사를 준비하느라 분주하게 움직인다. 이런 모습이 신기하기만 한데, 기차 안에서 식사를 준비하는 것도 꽤 재미있다.

성 소피아 대성당

성 소피아 대성당 광장에 있는 코사크족 지도자 보흐단 흐멜니츠키 동상

　음식을 탁자 위에 펼쳐놓고 빵과 소시지와 훈제 고기를 먹기 좋게 자르고 기차 칸마다 끝쪽에 있는 석탄 페치카에서 뜨거운 물을 가져와 수프나 차, 또는 컵라면을 끓이고 마지막으로 남성들은 대부분 보드카로 마무리한다. 이곳에서 보드카가 빠지면 우리 식탁에 김치와 깍두기가 없는 것과 마찬가지다.

　키예프에서 우크라이나 고쁠리 국경선으로 달리는 기차 창가에 있는 침대에서 노을 지는 모습을 보며 250ml 보드카 한 병을 꺼내 캔고등어와 컵라면을 안주 삼아 한잔한다. 전혀 어울릴 것 같지 않은 컵라면 국물과 보드카 한잔은 부조화 속의 조화라고나 할까?

선원기념 동상

외교학부 광장

지구상에 인류가 출현한 이래 가장 오래된 기호식품인 술은 인간관계를 부드럽게 해주고 대화를 매끄럽게 이어지게 한다. "술이 떨어질 무렵 친구도 떨어진다"는 러시아 속담처럼 달리는 기차 안에서 술잔을 든다.

지금 다시 생각해 봐도 기차 창가에 앉아 마셨던 보드카 한잔은 진한 여운으로 남아 있다.

여행 74일째 우크라이나 고뽈리 - 러시아 발루이끼 국경선

키예프 기차역을 출발한 지 10시간 30분 만인 새벽 4시 우크라이나 고뽈리 국경선에 도착하자 군인들이 올라와 여권과 짐을 1차 검문하고 곧이어 세관원들이 올라와 2차로 여권과 짐을 세세하게 체크하고 또다시 마지막 세관원이 출국 카드를 확인한 후 출국 스탬프를 찍어 준다.

그러더니 저만큼 갔던 세관원 한 명이 다시 와서 내게 여권을 보여 달라고 하더니 싱겁게도 여권과 내 얼굴을 두세 번 확인했다. 기차 안에 외국인이라곤 나 혼자이니 그럴 만도 했다.

한 시간을 더 달려 러시아 발루이끼 국경선에 도착하자 4인조 세관원들이 올라와서 경쟁하듯 빠른 속도로 입출국 카드를 나눠 주고 입국 스탬프를 찍어 주고는 번개처럼 사라졌다.

한바탕 소란이 지나고 침대에 눕자 황금 물결치는 러시아 시골 마을이 보이고 소와 양떼를 몰고 가는 양치기 모습이 영화 스크린처럼 나타났다.

세월처럼 빠르게 날아가는 비행기 안에서는 도저히 기대할 수 없는 기쁨이다. 기차 안에 누워 구름을 바라보며 평안함을 만끽했다.

우크라이나 정교회
(모스크바 총대주교청)

52

그리스 로마 신화 속 키메라가 있는 전설의 집

여행 75일째 러시아 아진끼 - 카자흐스탄 좌이비끄 국경선(우랄스크-아트라우)

어제는 우크라이나 고뽈리와 러시아 발루이끼 국경선에서 새벽 4시에 여권 검사를 했는데, 오늘은 러시아 아진끼와 카자흐스탄 좌이비끄 국경선에서 단잠에 빠져 있던 새벽 5시, 기차 안에 불이 환히 켜졌다.

아진끼 국경선에 도착하자 여자 세관원 두 명이 올라와 입출국 카드와 여권을 걷어가고 곧이어 군인 세 명이 올라와 각종 짐들을 검색하는데, 칙칙한 제복을 입었지만 여자 세관원들은 볼수록 참 예쁘게 생겼다.

러시아를 여행할 때마다 느끼는 것이지만 가는 곳마다 미녀들 때문에 멍할 때가 한두 번이 아니다.

러시아 사람들의 농담 중에 "러시아 미녀는 러시아 특산물"이라는 말처럼, 미국 속담에도 세상의 파라다이스 중 월급은 미국, 집은 영국, 음식은 중국, 아내는 러시아 여인이라는 말이 있다.

어젯밤에 지나온 발루이끼 국경선에서처럼 약 2시간 30분 만에 아주 빠르게 마치고 20분을 더 달려 카자흐스탄 좌이비끄 국경선에 이르렀다.

남자 세관원 한 명이 올라와 입출국 카드와 여권에 스탬프를 팍팍 찍어주고 휙 지나가더니 군인들이 마약견을 데리고 무더기로 올라와서는 냄새 한 번 훑고는 끝이었다.

나는 이런 모든 것이 흥미롭기만 한데, 옛 소련 시절에는 아무런 제약이 없었는데 지금은 너무 불편하다고 옆 침대에 누워 있는 우크라이나 중년 남자가 투덜투덜거린다.

기차를 타고 우크라이나-러시아-카자흐스탄 국경선을 차례로 지나 카자

성 니콜라스 네오고티크 오르간 교회

흐스탄 수도 아스타나로 가려던 나는 카자흐스탄 서쪽 최북단 첫 번째 도시인 우랄스크 기차역에 내렸다.

키예프 기차역에서 이곳 우랄스크 기차역까지 2박3일간 같은 침대칸을 타고 온 카자흐스탄 청년 후한덕이 아트라우에 있는 자기 집으로 나를 초대했다.

아스타나에서 러시아 노보시비르스크로 가서 이번 여행을 시작했던 블라디보스토크까지 시베리아 횡단열차를 타고 속초항으로 입항하려고 했는데 뜻하지 않은 초대를 받고 잠시 망설이다가 함께하기로 했다.

낯선 나라에서 낯선 사람에게 초대를 받았지만 30, 40대 때 자주 들나들던 카자흐스탄이어서 편안했다.

허허벌판 우랄스크 기차역에는 가을비가 주룩주룩 내리고 한쪽에서는 기차를 기다리는 사람들과 또 한쪽에서는 무슨 즐거운 일이 있는지 아무리 봐도 우리와 꼭 닮은 사람들이 배꼽을 쥐고 웃고 떠들었다.

먼저 승합차 택시를 타고 우랄스크에 있는 후한덕의 친척집에 가니 진수성찬을 차려놓았다. 카자흐스탄 전통 음식과 과일을 푸짐하게 준비하고는 나를 가운데 앉으라고 했다.

점심을 잘 먹고 대절해 놓은 미니버스를 타고 우랄스크에서 아트라우까지 500km의 초원길을 달려 후한덕의 집에 도착하니 이번엔 그의 가족들이 반갑게 맞아 주었다.

이곳에서도 진수성찬이 펼쳐지고 불편해하지 말고 먹고 마시고 편안히 머물다 떠나란다. 그의 가족들은 처음 보는 외국인 여행자에게 조금도 어색함 없이 대해 주었다.

대한민국에서는 좀처럼 경험하기 힘든 그런 만남을 중앙아시아 카자흐스탄의 서부 도시 아트라우에서 또다시 경험하며, 사람과의 인연을 소중히 여기는 카자흐스탄 사람들의 집에서 며칠 더 머물렀다.

아트라우에 대한 좋은 기억이다.

여행 76일째 카자흐스탄 아트라우에서 후한덕과 함께

깨끗하고 세련된 후한덕의 집에는 방이 네 개 있는데, 나는 제일 큰 안방에서 카자흐스탄 전통 요와 이불을 덮고 첫날을 보냈다.

전혀 생각지도 않게 7년 만에 다시 찾은 아트라우는 몰라보게 달라져 있었다. 우랄 강을 중심으로 구시가지와 신시가지로 나뉘어 높은 빌딩과 호텔 그리고 현대식 레스토랑이 있는 신시가지가 형성되었다.

청소년들이 좋아하는 피자와 햄버거를 파는 레스토랑은 셀 수 없을 만큼 많고, 유럽식 카페에는 젊은이들이 길게 줄을 서 있었으며, 지금도 계속해서 빌딩을 짓느라 망치 소리가 요란했다.

후한덕의 부인 아이굴과 전통 음식인 스르네와 차를 마시고 있는데, 결혼식 사회를 보러 간 후한덕으로부터 연락이 왔다. 집으로 자동차를 보냈으니 그 차를 타고 결혼식장으로 오란다.

후한덕의 친구는 내가 3개월째 여행 중이라고 하니 잠시 재미있는 구경을 시켜 주겠다며 인력 시장처럼 널따란 공터에 아가씨들이 서성이고 있는 소위 아가씨 시장으로 안내했다. 그는 횟수와 시간에 따라 값이 다르고 남미 아가씨와 아프리카 아가씨도 있다고 너스레를 떨었다.

결혼식장에 도착하니 200~300명
의 하객들이 노래하고 춤추고 보드
카를 마시며 들썩들썩하더니, 흥이
절정에 달한 새벽 2시쯤 카자흐스
탄 전통 악기인 돔브라를 연주하던
후한덕이 나를 소개하며 마이크를
건넸다.

"반갑습니다. 카자흐스탄 말은 '반
갑습니다'라는 말밖에 모르니 러시
아 말로 대신하겠습니다"라고 하니
한바탕 웃음이 터졌다.

"대한민국 서울에서 온 여행자인
데 카자흐스탄 전통 결혼식에 초대해 주셔서 행운입니다.
여러분과 한바탕 신나는 시간을 보내도록 하겠습니다."
그리고 카자흐스탄 말로 "감사합니다"라고 하니 모두 보드카 잔을 높이
들었다.

여행 77일째 아트라우를 떠나 알마티행 기차 안에서 추석을 맞다

후한덕의 집에서 2박3일간 내 집같이 편하게 머물다 알마티를 향해 기
차를 탔다. 그들은 내가 떠나는 시간까지 정성이 가득 담긴 음식과 따뜻
한 마음의 선물을 전해 주었다.

아무 조건 없이 평생 처음 보는 여행자를 따뜻하게 대해 준 후한덕과 그
의 가족들에게 감사 인사를 전하고 발길을 돌렸다. 언제 다시 카자흐스탄

아트라우를 여행할지 모르지만, 이 때문에 나는 여행을 계속하고 있는지도 모르겠다.

오늘은 추석이다. 기차 창밖으로 둥근 보름달이 훤하다. 이번 추석도 카자흐스탄 아트라우에서 알마티로 가는 기차 안에서 보낸다.

우크라이나 키예프에서 산 보드카 한 병을 꺼내 한잔하는데 그 술잔에 보름달과 함께 아내 얼굴이 어른거린다.

왜 그랬는지 스스로도 궁금하지만 지금까지 여행하면서 매번 생일과 추석을 밖에서 보냈다.

아주 오래전 타지키스탄 파미르 고원을 여행하면서 손을 뻗으면 닿을 것만 같은 보름달을 보며 파미르 유목민과 함께 보낸 시간이 떠오르고, 2011년 추석도 크림반도 케르치 국경선에서 러시아 소치로 넘어가면서 보냈다.

이제는 크림반도가 우크라이나로부터 독립을 선포하고 2014년 3월 러시아와 합병을 결정하면서 2018년 5월 16일 크림과 러시아 본토인 크라스노다르를 연결하는 19km의 크림 대교가 개통되었다. 그리고 2019년 12월 23일 러시아 본토와 크림을 연결하는 철도 노선이 개통되면서 케르치 해협을 연결하는 국경선은 이제 역사 속으로 사라졌다.

2012년에는 시베리아 횡단열차 안에서, 2013년에는 또다시 파미르 고원에서, 2014년에는 캅카스에서, 2015년에는 지구상에서 가장 추운 도로이자 죽음의 도로인 러시아 콜리마 하이웨이에서, 2016년에는 몰도바에서, 2017년에는 쿠바에서, 2018년에는 마다가스카르에서, 2019년에는 옛 유고슬라비아 연방에서 생일을 보냈다.

2020년에는 아현동 집에서 생일을 맞이할지, 아니면 또 어디서 보낼지 궁금했는데, 안타깝게도 2019년 12월 중국 후베이성 우한에서 발생한 코로나19가 전 세계로 확산되면서 2020년 한 해는 지구가 마비되었다. 그래서 실로 오랜만에 집에서 생일을 맞았다.

여행 78일째 알마티행 기차 안에서

아트라우에서 알마티까지는 약 2,600km로 2박3일간 41시간을 이동한다. 러시아 볼가 지역인 아스트라한과의 국경 도시인 카자흐스탄 아트라우에서 경제도시 알마티로 가는 길은 스텝과 초원뿐으로 낙타 무리들만 눈에 띈다.

그곳에 해가 땅 끝으로 떨어지는 모습은 흑백 영화처럼 낭만적이다. 그 풍경은 기차를 타봐야 알 수 있다.

아직도 보름달은 지평선 너머로 달리는 기차와 함께하는데, 보름달과 어울리던 낙타 무리들은 그림같이 어디론가 사라졌다.

여행 79일째 36시간 만에 침켄트에 도착하다

아트라우를 출발한 지 36시간이 지나 침켄트에 도착하니 조금씩 푸른 나무들이 보이기 시작하고 우즈베키스탄 타슈켄트로 가는 사람들로 북새통이다. 침켄트에서 알마티로 가려면 반나절 이상 걸리지만 옆 나라 우즈베키스탄 타슈켄트까지는 지형적으로 두세 시간밖에 걸리지 않는다.

침켄트에서 사람들이 무더기로 내리자 기차 안이 한산하더니, 우즈베키스탄과 카자흐스탄을 오가며 장사하는 상인들이 그 자리를 대신했다.

알마티 두 번째 역까지는 세 정거장 남았지만 시간상으로는 자그마치 4시간 45분을 더 달려야 한다. 지루함을 달래기 위해 러시아 수프 보르쉬 한 접시와 카자흐스탄 사람들이 자랑하는 캅촌느이 말린 생선 한 마리와 맥주 두 병을 샀다. 일반 생선이 1달러이면 캅촌느이 말린 생선 한 마리는 20달러이니 엄청 비싼 셈이다.

반쯤 드러누워 캅촌느이 생선 한 입에 맥주를 마시며 뒹굴다 보니 자정이 가까운 11시 30분에 알마티 두 번째 역에 도착했다. 그때까지도 보름달은 계속 따라왔다.

여행 80일째 카자흐스탄의 경제수도 알마티에

아스타나로 가려던 나는 얼떨결에 돌고 돌아서 카자흐스탄의 경제수도 알마티에 도착했다.

우크라이나 키예프 기차역을 출발해 쉬엄쉬엄 돌다 보니 일주일 만에 알마티 두 번째 역에 도착했는데, 아무리 친숙한 알마티지만 기차역 앞에는 이런 사람 저런 사람들이 모여 있어 자정 무렵에 이동하려니 긴장감이 느껴졌다.

하누리 민박집으로 향했다. 올봄 서울 아현동 순댓국집에서 소주 한잔 나누었던 박석화 한인회장과 함께 새벽까지 보드카를 마셨다. 그때 기념이라며 1994년산 팩소주를 내놓았다. 41시간 동안 기차 여행을 하느라 몸은 돌처럼 무거운데 하루 종일 보드카로 멍했다.

여행 81일째 알마티에서 우루무치로 가려던 계획을 접고

알마티까지 왔으니 여기서 기차를 타고 신장 우루무치로 이동하여 우루무치에서 실크로드를 횡단해 베이징까지, 그리고 청도에서 배를 타고 인천으로 입항할 계획을 세웠다.

우루무치에 있는 지인에게 연락을 하니, 지금도 부분적인 테러가 일어나고 티베트에서의 지진과 함께 중국 공안 당국의 검문이 예사롭지 않으니 이번 우루무치 여행은 다음으로 미루는 것이 좋겠다고 한다.

10여 차례 다녀온 우루무치지만 그래도 아쉬움이 남았다.

올여름 여행을 떠나기 전 중국 신장 지역에서 테러가 발생해 1천여 명의 사상자가 발생했는데, 중국 정부에서 통제를 하기 때문에 테러로 인한

판필로브 공원의 러시아 정교회 젠코브 대성당

인명 피해가 얼마나 되는지는 정확히 모른다.

2021년 지금도 신장은 마찬가지다. 1천 개가 넘는 강제 수용소에는 100만 명 이상의 무슬림들이 빈곤 탈출, 직업 훈련이라는 미명 아래 고문과 강제 노역 그리고 집단 강간을 당하고 있다.

아스타나로 가려던 나는 알마티로, 알마티에서 우루무치로 가려 했는데 할 수 없이 이번 여행은 이곳 알마티에서 마치기로 했다. 그리고 열흘을 이곳에서 머물렀다.

28인 전사의 묘

여행 90일째 알마티에서 91일간의 여행을 마치다

옛 소련이 해체되고 1990년대 초중반부터 이곳에 살고 있는 친구들을 만나고, 벤치에 앉아 책도 읽고, 공원을 거닐며 산책도 하고, 아라산 사우나에서 목욕도 하며 알마티에서 모처럼 망중한을 즐겼다.

카자흐스탄은 옛 소련 열다섯 공화국 중 제일 먼저 인연을 맺은 곳이며, 젊은 날 많은 시간을 보낸 제2의 고향 같은 곳이다.

알마티에서 91일간의 여행을 마무리했다.

지금도 알마티의 구석구석이 눈에 선하다.

공화국 광장 또는 독립 광장의 독립기념비

제2장

78일간의 여행길

옛 백러시아 벨라루스 수도 민스크에서

여행 32일째 리투아니아 빌뉴스에서 벨라루스 민스크로

인천에서 배를 타고 중국 청도로 입항해 베이징을 거쳐 실크로드와 중
앙아시아의 길목인 중국 신장의 우루무치에서 기차를 타고 카자흐스탄 알
마티까지, 거기서 다시 기차를 타고 우즈베키스탄 타슈켄트에 도착했다.
그리고 이어서 모스크바를 거쳐 발트 3국인 에스토니아, 라트비아를 지나
칼리닌그라드와 리투아니아 빌뉴스에서 여행 32일째 벨라루스 민스크로
향했다.

기차와 무슨 인연이 있는지 지긋지긋할 정도로 기차를 타고 또 여기까
지 왔다. 국내 여행을 할 때는 완행이든 급행이든 마음이 조급해지곤 하는
데, 지금은 시간이 흐르는 것을 아예 잊고 있어야 마음 편하게 기차 여행
을 할 수 있다.

밤새 소나기가 쏟아지다가 아침에 잠깐 그치나 싶더니 다시 주룩주룩이다.
빌뉴스 버스터미널을 출발한 지 30분 만에 리투아니아 국경선을 지나
벨라루스 국경선에 도착했다. 여자 세관원에게 여권을 내밀며 벨라루스

여행자 보험에 대해 묻자 친절하게 안내해 주었다.

벨라루스는 기차로 입국할 때는 여행자 보험을 발급하지 않고 입국해서 반드시 보험 발급을 받아야 하지만, 버스를 타고 입국할 때는 국경선에서 보험을 발급해 준다. 한 달 여행 보험료가 21달러 107,100벨라루스루블이다. 1달러 환율이 5,100벨라루스루블로 2009년에 비해 거의 두 배 가까이 올랐다.

벨라루스에 입국하는 외국인 여행자는 의무적으로 벨라루스 여행자 보험에 가입해야 한다. 호텔과 경찰들이 비자는 물론 거주지 등록과 여행자 보험을 확인하기 때문이다.

빌뉴스 버스터미널을 출발해 4시간 만에 민스크 버스터미널에 도착했다.

지하철을 타고 승전 40주년 기념 호스텔로 가니 10층 건물에 빈 방이 하나도 없단다. 배낭도 젖고 몸도 무겁고 피곤하여 정말 방이 없냐고 물으니 정말로 없다고 한다. 할 수 없이 좀 멀리 떨어진 뚜리스뜨 호텔에 여장을 풀었다.

지정된 여행사를 통해 좀 비싼 수수료를 지불하고 벨라루스 비자를 호텔 바우처와 함께 신청할 때는 호텔이나 그 밖의 숙소도 전혀 문제가 없다.

하지만 그냥 비자만 신청한 여행자가 저렴한 호텔이나 호스텔에 묵을 때 방이 없다고 하는 경우가 흔하다. 이건 옛 소련 공산주의 시절의 오래된 제도이니 외국인 여행자는 알아둘 필요가 있다.

바우처 때문에 벨라루스를 여행할 때마다 불편을 겪기도 하고 상식적으로 이해할 수 없는 경우가 있는데, 이러한 습관도 세월이 흐르면 사라질 것이다.

공화국 광장

국립 오페라 발레극장

여행 33일째 민스크에서 3박4일

뚜리스뜨 호텔에서 시내 중심지까지는 지하철로 20분 정도 걸린다.

지하철을 타고 이동하는 동안 유럽의 마지막 독재국가라는 별명답게 역마다 키 190cm에 몸무게 100kg 이상 나가는 거구의 군인들이 두 눈을 부릅뜨고 오가는 사람들을 감시하고 있다.

고개를 돌릴 때마다 이들과 마주치게 되는데 주눅이 들어 사진을 찍을 때도 눈치가 보인다. 그들은 마치 죄를 지은 여행자처럼 바라봤다.

"도둑이 제 발 저리다"는 속담이 있지만 죄 지은 것도 없는데 왜 그리 손이 떨리는지 카메라를 잡기가 어려웠다.

벨라루스에 여행을 온 것이 문제는 아닐 텐데, 이번 민스크 여행에서는 군인과 경찰들이 너무 많아 살벌하기까지 했다.

사이몬 성당

아프가니스탄 참전 전사자 충혼탑

바로크 양식의 동방정교회 성령 성당

　민스크 중심가를 흐르는 스비슬로치 강가에는 변함없이 사람들로 북적였다. 2009년에는 마시고 버린 병들이 수북이 쌓여 있었는데, 이제는 아주 깨끗하게 바뀌어 보기 좋았다. 벨라루스의 여인들만큼이나 변덕스러운 스비슬로치 강이다.

　민스크를 여행할 때마다 들르는 강가 야외 카페에 앉아 생맥주를 한잔 하는데, 실크로드를 따라 우즈베키스탄 타슈켄트까지 함께 여행한 아내 생각이 많이 났다.

삼위일체 마을

여행 34일째 벨라루스 고려인협회 리기미 회장을 만나다

벨라루스 고려인협회 리기미 회장과 전화 통화를 했다. 잠시 후 그가 내가 머무는 호텔로 왔는데, 2년 만의 만남이다. 그와는 2009년 벨라루스 여행을 마치고 벨라루스 관련 책을 준비하면서 주한 벨라루스 대사관을 방문했을 때 대사관에서 소개해 주었다. 그동안 그는 갑상선 수술을 받아 목소리가 가라앉았지만 호텔 로비에서 얼굴을 마주보고 있으니 시간 가는 줄 몰랐다.

여행 35일째 민스크에서 그로드나로

민스크를 떠나 4시간 30분 만에 도착한 인구 30만 명의 그로드나는 북쪽으로 42km 올라가면 리투아니아, 서쪽으로 24km 가면 폴란드다. 외국인인 나는 민스크에서도 그랬고 그로드나에서는 희귀 원숭이였다.

버스터미널에 도착하자 어여쁜 그로드나 아가씨들이 우르르 몰려와 무슨 일인가 했더니 나와 사진을 찍자고 한다. 대한민국을 대표하는 유명인도 아닌데 금발의 아가씨들이 몰려와 팔짱을 끼고 사진을 찍으면서 기뻐하는 모습에 어리둥절했지만, 잠깐이나마 즐거운 경험이었다.

예맨 호텔에 숙소를 정하고 보니 통유리창 너머로 그로드나 시내가 한눈에 들어왔다. 그리고 커다란 현수막이 눈에 띄었다.

'벨라루스는 국민들을 사랑한다.'

몇 남지 않은 독재국가나 공산국가를 여행하다 보면 이렇게 새빨간 글씨로 대문짝만하게 써놓은 현수막을 자주 목격하게 되는데, 특히 중앙아시아 투르크메니스탄에 와 있는 착각이 들었다.

바로크 양식 성 프란시스코 사비에르 가톨릭 성당

　최근에 리모델링한 호텔이라는데 엘리베이터가 고장 나 투숙객들이 계단
을 오르락내리락하는데도 고칠 생각은 없는 듯했다.
　피부가 뽀얀 안내인에게,
　"아가씨! 엘리베이터가 고장 났는데 언제 수리할 예정입니까?"
　"제 소관이 아닙니다만, 고칠 거예요."
　얼음같이 차가운 아가씨도 손님들도 별 관심 없는 표정으로 지나다니는
것이 내 눈에는 이상하게 보였다.

수도원

브레스트 요새 목마른 병사

여행 36일째 그로드나에서 브레스트로

브레스트로 출발하기 전 체크아웃을 하면서 다시 한번 그 아가씨에게 엘리베이터를 빨리 고쳐야 하지 않겠냐며 말을 건네자 그제서야 피식 웃었다. 그리고 대한민국 서울에서 왔는지, 서울이 어디에 있는지 질문을 했다.

그저께 만난 리기미 회장이 이번에 블라드미르 세르게이비치, 한국 이름 이창국 교수를 꼭 만나보라고 했는데, 이번에는 인연이 닿지 않아 그냥 아쉽지만 발길을 돌렸다.

그로드나를 떠나 서쪽으로 한 발자국만 가면 폴란드인데, 민스크나 러시아 모스크바보다 더 유럽적인 도시 브레스트에 도착했다.

브레스트 부흐 호텔에 배낭을 풀었다. 그런데 그림같이 예쁜 안내인이 왜 이리 무뚝뚝한지 모르겠다. 석고처럼 딱딱했다.

또 하나 아쉬운 건 샤워를 할 때 1달러를 내야 하는데 물품을 배급받는 것처럼 그것도 정해진 시간에 해야 하고 그 외에는 물이 한 방울도 나오지 않는다.

그래도 여행자에겐 가끔 이런 동떨어진 세상이 흥미로울 때도 있다.

여행 37일째 브레스트에서의 하루

8월 중순인데 기온은 18도다.

산들바람에 흔들리는 나뭇가지 사이로 브레스트 여인들은 허벅지와 가슴을 다 드러내놓고 다닌다. 보일 듯 말 듯 아슬아슬하여 눈이 휘둥그레지는 사람은 여행자뿐이다. 뽀얀 살결과 늘씬한 몸매에 빛나는 은발의 벨라루스 여성들은 정말로 눈이 부시다.

이렇게 기분 좋은 날 호텔에서 한바탕 소란이 일었다.

점심을 먹고 호텔로 돌아와 단잠을 자고 있는데 누군가 방문을 마구 두드렸다. 열어 보니 호텔에서 일하는 아줌마 셋이 문 밖에서 나를 째려보며 큰 소리로 윽박지르듯 말을 하는데, 하룻밤 숙박비가 밀렸다고 안내 데스크에서 부르니 내려오란다.

숙박비는 체크아웃 하면서 지불하면 되는데, 무슨 대단한 외상값을 받아내려는 것처럼 의기양양하게 서 있었다.

허 참, 기가 차서! 갑자기 화가 나 팬티 차림으로 여권과 지갑 그리고 카메라를 들고 1층으로 내려가 이틀치 지불한 숙박비 영수증을 내던지듯

니콜라스 성당

86

브레스트 요새 용감한 병사

보여 주며 무슨 돈을 또 달라고 하냐며 들이댔다.

   황소같이 큰 눈망울을 가진 안내 데스크 아가씨는 연거푸 미안하다는
말만 했다.

   "이지비니쩨!"(미안합니다)

   "이지비니쩨!"(미안합니다)

   인수인계를 하면서 실수를 했단다.

   그래도 그렇지 체크아웃 할 때 당연히 해결될 일을 왜 소란스럽게 하냐고
큰 소리를 질렀더니 3층에서 같이 내려온 아줌마들 입이 쑥 들어갔다.

   한바탕 소란이 지나가고 다시 시내로 나왔다.

   브레스트 버스터미널에서 우크라이나 리보프로 가는 버스표를 사면서
여권을 내밀었다.

어제는 우크라이나 리보프로 가는 버스값이 94,450벨라루스루블이었는데 오늘은 95,230벨라루스루블이다. 그리고 여권을 여기저기 살피더니 사람 티켓 배낭 티켓 따로따로 계산했다.

재미있는 건 버스표를 살펴보니 여권번호도 엉터리, 국적은 카자흐스탄으로 적어 놓았다. 티켓을 파는 할머니에게 물었다.

"아니, 티켓에 여권번호도 틀리고 국적은 왜 카자흐스탄입니까?"

이 할머니 느긋하게 웃으며 누구도 문제 삼을 사람 없으니 상관없단다.

그럼 여권을 왜 달라고 했는지 싱겁기 짝이 없다.

다른 도시에서도 가끔 볼 수 있는 광경이지만 브레스트는 은행과 상점에서 길게 줄을 선다.

백화점이나 슈퍼마켓에 가면 빵과 소시지, 아이스크림 코너에는 바닥만 보이고 재래시장에서도 길게 줄을 서서 하루 종일 기다린다.

옛 소련 시절 나누어 주는 물품을 기다리던 아주 오래된 모습이다.

날이 어두어지자 천둥 번개와 함께 소나기가 내리더니 잠자리에 들 때쯤엔 우박까지 쏟아졌다.

호텔 앞 나이트클럽에서 들려오는 음악 소리가 얼마나 큰지 천둥 번개 소리가 작게 들릴 정도였다. 소음인지 자장가인지 두 눈을 감고 있으니 젊음을 즐기는 청춘남녀들의 모습이 상상되었다.

비잔틴 양식의 홀리 시메온 성당

우크라이나 리보프로

여행 38일째 브레스트에서 우크라이나 리보프로

밤새 비가 내리고 잠시 개는 듯하더니 또 검은 구름이 몰려오면서 빗줄기가 더 굵어졌다.

아침에는 나이트클럽 대신 야외 카페에서 음악 소리가 들려왔다.

사람들로 북적거리는 브레스트 버스터미널에서 오전 8시 45분에 출발해 우크라이나 서북쪽 가장 구석에 있는 샤즈브키 국경선을 지나 제2의 도시 리보프에 오후 6시에 도착했으니 9시간이 걸린 셈이다.

여행자에겐 국제버스지만 다른 이들에게는 시골장에 다녀오는 버스다. 우크라이나 농부들은 주렁주렁 달린 커다란 호박과 노랗게 여물어 가는 옥수수를 보며 함박웃음을 짓고 있고, 그런 한 폭의 수채화 같은 풍경을 감상하며 리보프에 입국했다.

터미널에서 가까운 기차역 2층에 있는 꼼나띄 옷띄하에 올라가 방 있으냐고 물으니 위아래를 훑어보면서 또 없다고 한다. 예약 없이 방을 구할 땐 부지런히 움직일 수밖에 없다.

구시가지 중심에 있는 아트 호스텔에 배낭을 풀어놓고 화장실에서 볼일을 보는데 얼마나 좁은지 무릎이 벽에 닿아 허벅지가 휠 정도였지만 한편 정겨운 생각도 들었다.

여행 39일째 리보프에서

이른 아침 호스텔을 나와 해가 땅끝에 떨어지고 네온사인이 구시가지 구석구석을 밝혀 줄 때까지 돌아다니다 보니 발바닥에서 불이 났다.

옛 소련에서 독립한 공화국들과 만찬가지로 우크라이나 리보프 거리에도 '1991–2011'이라는 커다란 독립 20주년 현수막을 걸어 놓고 행사가 한창이었다. 리보프에 얼마나 많은 사람이 모여 있는지, 어제 오늘 머리가 어지러울 정도로 빙빙 돌았다.

민스크에서는 군인과 경찰들이 두 눈을 부릅뜨고 바라보고 있고, 리보프에서는 사람들에 밀려 사진을 찍을 수 없을 정도였다.

머리도 식힐 겸 보드카를 한
잔하려고 아날로그 분위기가
나는 카페에 가니 주로 중년과
노인들이 앉아 있었다. 벽에는 각종 보드카가 진열되어 있고, 손님들은 안
주를 늘어놓고 서서 마셨다. 카페 이름도 혁명적인 '붉은 광장'이었다.

그들은 옛 소련 시절을 회상하며 보드카를 마시고, 젊은이들은 공원 벤
치에 앉아 맥주를 마시며 수다를 떨고 있다.

리보프도 서울도 별 차이가 없었다.

여행 40일째 리보프에서 까만예츠포딜스키로

리보프에서 아침 8시에 출발한 버스는 손님이 내리고 싶어 하면 내려주
고 타려고 하면 가다 서면서 2시간이면 갈 만한 거리를 5시간 30분이나 걸
려 까만예츠포딜스키에 도착했다.

성모교회와 코리니아츠 타워

까만예츠포딜스키 성

　내가 여행할 때 까만예츠포딜스키에는 호스텔이 두 곳 있었는데, 한 곳은 수리 중이고 또 한 곳은 문을 닫아 호텔에 묵을 수밖에 없었다.

　버스를 타고 올 때도 그렇고 잠잘 곳을 선택할 때도 여행자의 의지와는 상관이 없다. 살아가면서 본인의 의지와는 무관한 것이 한두 가지가 아님을 새삼 느끼지 않을 수 없었다.

　해가 떨어지기 무섭게 대부분의 상점은 문을 닫고, 카페엔 이른 시간인데도 술에 취해 비틀거리는 사람이 왜 이리 많은지. 그리고 여행자를 쳐다보는 눈길이 곱지 않았다. 이 지역을 오랫동안 여행했지만 이럴 땐 사람들을 피하는 것이 좋다.

　아기자기한 마을 분위기와는 반대로 저녁을 먹으며 보드카를 한잔하다가 은근히 신경이 쓰여 그냥 일어섰다. 2009년 시베리아 횡단열차를 타고 여행하면서 머물렀던 러시아 투바 공화국의 키질에 와 있는 착각이 들었다.

타운 홀

여행 41일째 까만예츠포딜스키에서 체르니프치로

우크라이나 서부 지역에 속한 체르니프치는 역사적으로 13세기 이전 몽골제국의 침략으로 도시가 완전히 사라져 버렸고, 이후 루마니아의 전신인 몰다비아로부터 수세기 동안 지배를 받았다.

이어서 오스트리아와 헝가리의 영향을 받아 비엔나를 연상시켜 '리틀 비엔나'라고도 불릴 만큼 멋지고 중요한 건축물들이 즐비하다.

그중 19세기에 지어진 체르니프치대학 건물은 2011년 유네스코 세계문화유산으로 지정된 이 도시의 명물로, 젊은이들의 역동적인 냄새가 강하고 우크라이나의 다른 도시들에 비해 슬라브의 향기가 약하다.

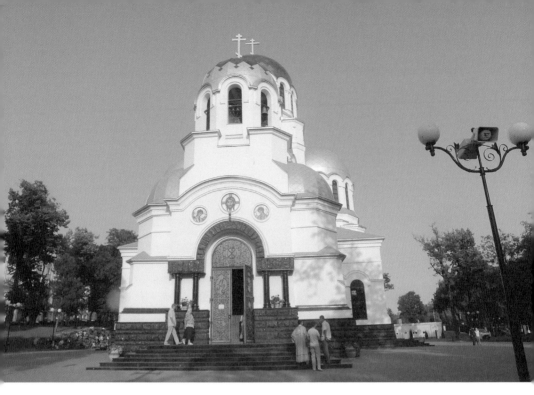

알렉산드르 네브스키 성당

19세기 초부터 제2차 세계대전이 끝날 때까지 한때는 유대인 공동체가 형성될 만큼 유대인들이 상당수 거주하였는데, 옛 소련 해체 후 그들의 고향인 이스라엘과 미국으로 이주해서 유대인 묘지만 쓸쓸하게 남아 있다.

남쪽으로는 루마니아, 남동쪽으로는 몰도바와 국경선을 접하고 있어 이 자그마한 도시에서 몰도바 키시네프로 가려는 여행자들을 가끔 만난다.

소박하지만 품위 있는 루마니아

여행 42일째 체르니프치에서 루마니아 수체아바와 아시로

루마니아 북동부 몰다비아 지역에 있는 수체아바를 향해 아침 7시 10분에 출발하는 버스가 하루에 단 한 대밖에 없어 새벽 5시 30분에 일어났다.

체르니프치에서 수체아바까지는 약 80km로 꼬불꼬불한 산길도 아니고 울퉁불퉁한 자갈길도 아닌 일반 도로인데 자그마치 4시간이나 걸린다. 이 버스보다 더 느림보 버스는 세상에 없지 싶다.

우크라이나 국경선을 넘어 루마니아에 도착하자 세관원은 여행자를 제외한 우크라이나 국적이든 러시아 국적이든 모두 날카롭게 쏘아보듯 했다.

나는 일찌감치 VIP로 빼놓고 그 외 사람들의 여권과 돈, 그리고 각종 서류와 짐을 샅샅이 뒤졌다. 버스도 의자 밑은 물론이고 트렁크까지 모조리 훑는데, 이럴 땐 대한민국의 여권 파워가 자랑스러웠다.

한 달 전 타슈켄트에서 모스크바까지 가는 기차에서 우즈베키스탄 노동자들이 카자흐스탄 국경선을 넘으며 세관원들한테 온갖 수모를 당하던 것과 비슷했다.

동유럽으로 향하는 길목이 말이 아니었다.

몸무게가 150kg은 될 듯한 루마니아 세관원은 사과를 입에 물고 여권에
스탬프를 찍어 주었다.

　그러다가 러시아 아가씨가 가지고 있던 유로화가 눈에 거슬렸는지 시비를 걸더니, 국제버스 운전기사가 세관원에게 귓속말을 하자 그냥 통과시켜 주었다. 잠시 후 아가씨가 달려가 그 운전기사에게 뭔가를 건네는 걸 보니 살아가는 방식은 어디든 비슷한 것 같다.

　수체아바에 도착해 버스터미널 바로 옆 은행에서 환전을 하려는 순간 갑자기 은행 안에서 여자 비명 소리가 들리더니 바로 119 구급차가 와서 싣고 갔다. 그리고 은행 문을 닫으며 손님들을 다 보내려 할 때 겨우 100달러 환전을 했는데, 1달러에 2.9레이다.
　국경선에서도 은행에서도 한바탕 소란이 지나갔다.

　수체아바에서 145km 떨어진 야시까지는 미니버스로 3시간 걸리는데, 체르니프치에서 수체아바까지 80km를 4시간 걸린 것에 비하면 천국이지만, 느려도 너무 느리다.

배낭을 풀어놓은 곳이 이름도 거창한 콘티넨탈호텔이지만 거의 여인숙 수준이다. 그래도 여행에서 얻은 보물이라 생각하니 기쁘다.

야시는 온 도시가 공사 중이다. 건물, 성당, 교회 등 모두 리모델링을 하느라 거리에 소음이 가득하다. 그런데 신기하게도 구걸을 하지 않는 집시들이 수두룩했다.

집시가 인도에서 온 사람들의 후손이라는 것도 흥미롭고, 집시라는 단어의 기원이 이집트인이라는 것은 더욱 신기하다. 유럽으로 이주할 때 이집트에서 발행한 통행증으로 들어왔기 때문에 집시라고 불렀다는데, 지금의 집시는 범죄와 구걸이라는 부정적인 이미지가 강하다.

집시처럼 몇 개월씩 여행을 하다 보면 대부분 게스트하우스 주방에서 직접 요리를 해서 먹지만, 오늘 밤은 야시에서 소문난 멋진 레스토랑을 찾았다.

맛있는 스파게티와 시원한 몰다비아 맥주 세 병으로 만찬을 즐겼는데, 우리 돈으로 만 원이 조금 넘었다. 그래도 장기간 여행하면서 외식을 하기가 쉽지 않다.

호텔에 돌아와 텔레비전을 켜니 한국 연속극이 방영되고 있었다. 그런데 우리말이 그대로 나오고 루마니아 말로 자막이 나와 한바탕 웃었다.

여행 43일째 야시에서 몰도바 비자를 받을 수 있을까?

야시에 있는 몰도바 영사관을 찾아갔다가 안내문을 보고 너무 기가 차서 멍하니 하늘만 바라보았다.

7월 22일부터 8월 28일까지 휴무이고, 영사관 업무는 9월 1일부터 시작한다고 적혀 있다.

한 달간 여름휴가를 떠나는 유럽이지만 야시에 있는 몰도바 영사관에서 그 상황이 되니 막막했다. 더욱이 영사관이 한 달간 휴무라니 얼떨떨했다.

벨라루스에서 시작해 우크라이나 서부 지역을 돌아보고 키예프로 가지 않고 야시에서 몰도바 비자를 받아 입국하면 시간을 절약할 수 있어 야시로 왔는데, 몰도바 영사관 사정이 이러니 할 말이 없었다.

이제 비자를 받으려면 키예프로 다시 돌아가야 한다. 여행자인 나처럼 야시의 몰도바 영사도 휴가만큼은 확실하게 챙기는 듯하다.

야시에서 몰도바 국경선까지는 얼마 멀지 않아 몰도바 키시네프로 출발하는 국제버스를 타고 드라이브 겸 버스에 올랐다.

버스표를 파는 여직원이나 운전기사가 국경선에서 문제가 생겨도 버스비는 돌려줄 수 없다고 몇 번이나 말을 했다. 나는 그냥 시골길을 여행 삼아 가는 것이니 걱정하지 말라고 손사래를 쳤지만 운전기사는 불안한 모양이었다.

어쨌든 30분을 달려 루마니아 야시 국경선을 지나 몰도바 국경선에 도착하자 여권을 걷어 갔던 세관원이 잠시 후 나에게 비자가 없어 입국이 안된다며 내리라고 했다. 그러면서 도착 비자는 비행기를 타고 키시네프로 입국하는 경우에만 내준다나.

버스에 있는 사람들에게 손을 흔들며 인사를 하자 운전기사와 승객들이 나를 안쓰럽게 바라보았다.

몰도바 세관원이 루마니아 야시로 나오는 자가용을 태워 줘 좀 전에 지나온 루마니아 국경선으로 다시 돌아와, 몰도바 비자가 없는데도 그냥 통과시켜 준 것이 의아스러워 왜 그랬냐고 물었더니 세관원은 그냥 피식 웃기만 했다.

야시까지 나를 태워 준 젊은이는 대학생이었다. 몰도바에 무슨 일로 갔다 오느냐 물으니, 야시에는 기름값이 너무 비싸 몰도바에 가서 넣고 오는 길이란다. 야시에서 국경선을 넘어 몰도바까지 다녀와도 기름값이 저렴하기 때문에 이득이라는 것이다.

시골길을 여행 삼아 다녀온 것이나 기름을 넣으려고 몰도바에 갔다 온 대학생이나 가벼운 마음으로 같은 여행을 한 셈이다.

야시로 돌아와 곧바로 여행사를 찾아가 키시네프로 가는 비행기 편도 값을 알아보니 자그마치 530달러란다. 당황스러워 혹시 잘못 들었나 싶어 재차 확인을 했다. 엎어지면 코 닿을 거리인데 530달러라니, 말이 안 나와 머뭇거리고 있으니 여행사 직원도 기가 찬 모양이다. 할 수 없이 야시에서 수체아바로 다시 돌아왔다.

저녁 7시 30분 수체아바 버스터미널에 도착해 너무 목이 말라 캔맥주를 사서 터미널 안 의자에 앉아 한 모금 마시자마자 목에 걸리고 말았다.

순찰을 돌던 경찰이 다가와 여권을 보여 달라며 공공터미널에서는 맥주를 마실 수 없다면서 벌칙금을 부과하려 해 사정사정해서 겨우 면했다.

터미널 바로 옆 호스텔에 여장을 푸는데 10유로 42레이. 4인실에 프랑스 할머니와 단둘이 묵는다.

아침은 터키식 케밥과 차, 점심은 햄버거에 콜라, 이른 저녁 시간에 캔맥주 한잔 마시자마자 목에 걸리고, 거기에다 프랑스 할머니와 단둘이 하룻밤을 보낸다. 오늘 하루 참 바쁘게 움직였다.

3일 만에 우크라이나로 컴백

여행 44일째 수체아바에서 다시 우크라이나 체르니프치로

이른 아침 호스텔 넓은 정원에서 들려오는 닭 울음소리에 눈을 떴다.

느긋하게 아침을 먹고 차를 마시고 주변을 산책하고 나니 오후 1시다.

수체아바를 출발한 털털거리는 국제버스를 타고 우크라이나 체르니프치로 3일 만에 다시 돌아가는데, 지난번에 타고 왔던 그 버스에 그 운전기사가 나를 보더니 반가워했다.

반가운 것도 잠시, 80km를 또 4시간 달려가느냐고 물으니 말없이 고개만 끄덕였다. 한숨이 절로 나왔다. 그래도 80km를 돌아가는 동안 운전기사와 수다를 떨다 보니 그리 지루하지는 않았다. 지난번에 얼굴을 익혀 두길 잘했다는 생각이 들었다.

터미널에 도착하자마자 시원한 맥주로 목을 축이고 바로 오후 7시 25분 체르니프치를 출발하여 다음 날 아침 6시 10분 키예프에 도착하는 장거리 버스에 올랐다.

한숨 푹 자고 일어나면 키예프에 도착하겠지만 쉬운 여행길은 아니다.

로맨틱한 세인트 니콜라스 물의 교회

여행 45일째 체르니프치에서 키예프로

우크라이나 국내를 오가는 버스 중에 최고의 버스를 타고 밤새 달려왔지만, 650km를 11시간 앉아서 오기엔 혈기왕성한 젊은 청년도 아니니 부담스러울 수밖에 없다.

아침 6시 20분 키예프 버스터미널에 도착했다. 잠을 제대로 못 자 몸은 천근만근이었다. 우선 눈에 보이는 가까운 게스트하우스로 가니 침대가 없단다. 그 옆 아파트를 개조한 숙소도 만원이고, 이곳에서 일러준 또 다른 아파트 숙소도 마찬가지였다.

버스터미널 근처에 나란히 있는 아파트 세 곳의 숙소들도 모두 침대가 없고, 1호선을 타고 리노바 역 종점까지 찾아간 숙소는 아예 문을 닫아 버렸다. 할 수 없이 무거운 몸을 이끌고 좀 떨어진 키예프 기차역 4층에 있는 호스텔에 가서 20달러에 겨우 침대 하나를 얻었다.

버스터미널 근처에서 호스텔을 찾느라 아파트를 오르락내리락했더니 가볍게 준비한 배낭도 너무 무거웠다.

리노바 역에서 키예프 기차역까지 가는데 맥이 확 풀렸다. 여행하면서 숙소를 찾는 일도 즐거울 수 있는데, 이처럼 피곤한 날도 있다.

도미토리 방에는 우크라이나 지방에서 출장 온 이고르와 러시아 대학생 꼴랴와 남자 셋이서 한방을 썼다. 2009년 이 키예프 기차역에서 기차를 타고 러시아를 지나 카자흐스탄 아스타나로 향하던 그 기차역이다.

샤워를 하고 잠깐 눈을 붙이고 나니 기분이 상쾌했다. 2009년 키예프를 열하루 동안 여행하면서 머물렀던 야로슬라브 유스 호스텔에 가서 다시 예약을 했다.

페체르스크 수도원 입구

109

그리고 한국 식당 '한강'에 가서 김치찌개에 공깃밥 두 그릇을 해치우고 나니 좀 살 것 같다.

식당 주인이 우크라이나에 또 여행 왔냐며 인터넷 전화기를 갖다 주기에 서울 아내에게 전화를 했다. 밝고 건강한 아내의 목소리를 듣고 나니 마음이 놓였다.

여행 46일째 키예프 야로슬라브 유스 호스텔

2년 만에 야로슬라브 유스 호스텔로 돌아왔다. 2009년 내가 머물던 그 침대로. 이 침대에서 열하루를 지내며 그때 기념으로 천 원짜리 한국 돈을 사무실 위에 붙여 놓은 것이 그대로 있었다.

옛 소련 해체 독립 20주년을 맞아 여기 저기서 축제가 한창이다. 거의 발가벗고 온몸에 독립을 축하한다는 보디 페인팅을 하고 거리를 활보하는 아가씨들을 바라보고 있으니 시간 가는 줄 모르겠다. 오른쪽 발목이 시큰시큰한데도 그들 모습에 푹 빠져 있었다.

다른 한쪽에서는 세상에서 가장 섹시한 총리였던 율리아 티모셴코를 대통령으로 뽑아야 한다는 데모가 벌어지고

블라디미르 대왕 동상

있었다.

우크라이나에서 데모 단골 메뉴는 바로 이 율리아 티모셴코를 대통령으로 뽑아야 한다는 것인데, 그녀는 화려한 외모와 뛰어난 능력으로 인기가 높지만 계속되고 있는 우크라이나의 정치·경제적 불안으로 총리 자리를 늘 위협받았다.

그녀는 2010년 1월 17일 대통령 선거에 출마하였으나, 결과는 빅토르 야누코비치에게 패했다. 2010년 2월 7일 결선 투표에 다시 참여했으나 또다시 빅토르 야누코비치에게 패했다.

이후 러시아와의 가스 배관 계약 시 우크라이나의 국익을 훼손시켰다는 이유로 7년형이 언도됐다. 더군다나 복역 이후에도 3년 동안 공직 출마 및 취임 자체가 불가능한 판결이 내려졌다. 그런데 2014년 2월 22일, 빅토르 야누코비치 대통령이 시위대에 의해 축출되면서 석방되었다.

음식을 한 보따리 사들고 유스 호스텔로 돌아오니 식사를 하고 있던 제프리와 제이슨이 반갑게 맞아 주었다. 남자 셋이서 좁은 테이블에 앉아 식사를 했다.

덩치가 남산만 한 제프리와 나무젓가락처럼 바짝 마른 제이슨은 러시아어를 전공해 영어보다 러시아어가 더 자유롭고 거기에다 독일어도 유창했다.

배불뚝이와 바람이 불면 날아갈 것 같은 두 사람을 보고 있으면 저절로 웃음이 나왔다. 그들은 내게 러시아어를 잘하는데 말이 너무 빠르다는 조언도 해 주었다. 러시아어뿐만 아니라 너무 급한 성격 때문에 아내에게 지적을 받은 것이 한두 번이 아니다.

제프리와 제이슨은 내일 모레 새벽 그들의 집이 있는 미국 뉴욕으로 떠난다.

여행 47일째 키예프 야외 카페에 앉아

오전에 몰도바 공화국 대사관을 찾아가니 예전에 있던 곳에서 이사를 했다. 급할 것도 서두를 것도 없어 내일 다시 알아보기로 하고 돌아섰다.

키예프의 낮익은 성당들이 공사 중이었지만 거리의 가로수는 정겨웠다. 길 위의 뮤지션들이 연주하는 전자기타 소리가 노을 지는 공원 안에 감미롭게 울려 퍼지고, 키예프 중심을 흐르는 드네프르 강가 공원에는 뜨겁게 키스를 나누는 연인들로 가득했다.

땅거미가 밀려와도 기타 연주 소리는 잦아들지 않고 더 멋지게 들려왔다.

젊은 시절 나 또한 기타와 록에 매료되어 레드 제플린(Led Zeppelin), 레너드 스키너드(Lynyrd Skynyrd), 로싱톤 콜린스 밴드(Rossington Collins Band), 지미 헨드릭스(Jimi Hendrix), 재니스 린 조플린(Janis Lyn Joplin) 등에 푹 빠졌었다.

드네프르 강이 내려다보이는 야외 카페에 앉아 하루를 돌아보았다. 야외 카페는 낡은 파라솔 탁자에 앉아 맥주나 음료를 마시는 곳인데, 날이 어두워졌는데도 기타 연주는 그칠 줄 몰랐다.

여행 48일째 키예프에서 몰도바 비자를 받다

새벽 5시 제프리와 제이슨은 미국 뉴욕으로 돌아가고 그 자리를 나이지리아에서 온 뚱뚱하고 넉넉한 아가씨가 내 윗 침대에 자리잡았다. 윗 침대가 축 처지는 기분이었다.

시원하고 넓은 강남고속버스터미널 같은 곳으로 이사한 몰도바 공화국

114

대사관을 다시 찾았다. 여권을 내밀고 비자 신청을 하면서 한 달 복수 비자를 받고 싶다고 하자, 안내인은 나를 쳐다보면서 잠시 무슨 생각을 하는 듯했다.

그러더니 일주일이든 한 달이든 싱글이든 멀티든 비자 비용은 똑같다며 친절하게 안내해 주었다. 비자 신청서를 제출하고 곧바로 시내 지정 은행으로 달려가 60유로 약 747흐리브냐를 입금하고 영수증을 몰도바 공화국 대사관 안내인에게 전달하자 잠시 후 한 달 멀티 비자가 나왔는데, 1시간 30분 만에 손에 쥔 것이다.

루마니아 야시에서 영사가 자리만 지키고 있었더라면 지금쯤 몰도바를

키예프대학교

여행하고 있을 텐데…. 어쨌든 가벼운 마음으로 키예프 산책길에 올랐다.
이렇게 하든 저렇게 하든 우리 인생길도 마찬가지 아닐까 싶다.

　몰도바 비자 때문에 오늘 새벽 미국으로 떠난 제프리와 제이슨과 재미있
는 얘기를 했었다. 내가 몰도바 비자를 받으러 간다고 하자 북한 사람이면
몰라도 남한 사람은 상당히 힘들 거라고 했다.

대한민국과 몰도바는 아직까지 서로 대사관이 없어서 그럴 수도 있고, 옛 소련 공산주의 냄새가 깊이 박혀 있어서 그런 생각을 했는지 모르겠다.

그러나 내가 하루 만에 비자를 받아오면 어떻게 하겠느냐 하니, 비자를 받아오면 유스 호스텔에서 한턱 쏘겠다고 했다. 이날 오후에 받아온 몰도바 한 달 멀티 비자를 그들이 봤다면 떠들썩했을 텐데, 지금쯤 두 친구는 비행기로 어느 하늘을 날고 있을 것이다.

이번 여행을 마치고 집에 돌아오니 그들이 보낸 편지가 도착해 있었다.

요즘 같으면 페이스북이나 SNS로 서로 안부를 물었을 테지만, 지금 봐도 종이 편지로 안부를 묻는 것이 훨씬 정겹고 인간미가 넘친다.

그러고 보니 머리를 지끈지끈하게 했던 몰도바 비자는 2014년 1월 3일부터 몰도바와 무비자 협정을 맺음으로써 옛 추억이 되었다. 그래도 모두 아름다운 시간이었다.

Wednesday, November 23, 2011
Rockaway Park, New York

Respected Mr. Lee Han Shin,
Warm greetings from New York.
It is our hope that You and Your
family be enjoying good health
and happiness. How did Your th
work out? What did You learn
about the former-Soviet Union
It shall please Jason and
to find out - please write to
and tell us everything.
To have met You in Kiev
August was such a pleasure
You are so interesting and kind,
like us, have a desire to learn
the former-Soviet Union.
This winter it is planned
Minsk be visited again for
thirty days! December 28
January 25, 2011. It shall b
great happiness to spend
New Year's in Minsk.

(2) (continued from card)
In the fall of 2013 if it is
our goal that jobs as teachers
of English be obtained in Minsk
that Minsk be our home
for at least one or two years.
Minsk might eventually become
our permanent or semi-permanent
home. What do You think of our
plan?
Your promise to take us
to the Democratic People's
Republic of Korea has not
been forgotten; at some point
in the future, it shall please
us to go thither with You.
In fact our acquaintance
from Japan, that is also interested
in the former-Soviet Union
wants to join us for our visit
to North Korea.
New York City is depressing
and makes us sad - she is
not like Minsk our favorite
city. Here the streets are
dirty and the people are
miserable; there are not

바로크 양식 도미션 성당

워터 타워

여행 49일째 아직도 키예프

나이가 거의 아흔 살은 된 듯한 노부부가 15달러짜리 게스트하우스 도미토리 방에 여정을 풀었다.

걷는 것도 힘들어 보이고 커다란 가방도 벅차 보이지만, 노부부가 인생을 거의 마무리하는 시점에 함께 여행하는 모습이 부러웠다.

나도 그들처럼 머리가 하얗고 허리가 꼬부라져도 아내와 손잡고 여행을 할 수 있을까 자문해 본다. 그러려면 지금부터 잘 준비해야겠다.

내일 아침 7시 20분 첫차를 타고 482km를 7시간 20분간 달려 우크라이나 동부 지역인 하리코프에 오후 2시 40분에 도착할 예정이다.

제일 안락하다는 룩스 버스 티켓을 구했지만 도로 사정이 워낙 좋지 않아 어쩔 수 없이 긴 시간을 달려야 한다.

8월 마지막 날 키예프를 정리하고 9월 첫날 하리코프를 시작으로 또다시 길을 떠난다.

여행 50일째 키예프를 떠나 하리코프로

2009년에는 키예프 야로슬라브 유스 호스텔에서 열하루 머물다가 9월 마지막 날 떠났는데, 2011년에는 이곳에서 일주일 머물다가 9월 첫날에 떠난다.

메모를 남겨두었던 천 원짜리 지폐 밑에 또다시 메모를 남겼다.

"떠나고 만나고 또 떠나고 또 만나고… 그것이 삶이다."

룩스라는 최고급 버스를 타고 8시간 만에 하리코프에 도착했다. 바로

구리로 만든 천사 동상　　　　　　　　　　　　　레오니드 비코프 동상

기차역에 붙어 있는 호스텔로 올라가니 하룻밤 1인실이 15달러다.

러시아 볼가 지역으로 출발하는 기차와 버스 노선이 편리한 하리코프는 늘 여행자들로 붐빈다.

이곳에서도 독립 20주년 기념 행사로 온통 축제 분위기다. 온 도시가 들썩들썩하고 밤새 조명등이 번쩍거려 눈이 부셨다.

축제가 한창이던 하리코프는 2021년 지금은 우크라이나 동부 돈바스 지역의 다른 도시들과 함께 독립을 선포하고 정부군과 교전을 하고 있는 준전쟁 상태다. 하리코프 독립공화국이 된 혼란스러운 상황이어서 언제 다시 여행을 할 수 있을지 알 수 없다.

조용한 하리코프 기차역 야외 카페에 앉아 맥주를 마시다 보니 어둠이 짙게 깔린다.

바로크 양식 도미션 성당 수도원 종탑

성 미하일 황금돔 수도원

어린이 동산

여행 50일째, 앞으로 30일 정도 더 여행을 계속할 것이다.

아현동 순댓국집으로 돌아가면 어쩔 수 없이 현실에 맞춰 하루하루 치열하게 살아가겠지만, 깨끗한 냇물처럼 시원하고 맑은 세상 사람들의 살아가는 모습을 보면서 느릿느릿 걷고 있는데, 남은 시간도 그렇게 느릿느릿 걷고 싶다.

여행 51일째 하리코프 기차역 풍경

나는 비행기보다는 사람 사는 모습을 천천히 돌아볼 수 있는 기차 여행을 좋아한다. 기차역에는 국경선을 넘어 가족을 만나거나 일자리를 찾아 나선 사람들로 늘 붐비고, 역 주변의 재래시장이나 식당에선 서민적인 삶의 애환을 느낄 수 있다.

가족을 책임져야 하는 가장과의 만남과 이별을 볼 수 있고, 동료들과 헤어지며 아쉬워하는 노동자들도 있고, 연인 또는 친구들과의 이별 장면도 눈에 띈다.

하리코프 기차역에서는 일주일에 한 번 우즈베키스탄 타슈켄트로 가는 기차와 아제르바이잔 바쿠로 가는 기차가 있다. 그런데 외국인은 승차가 안 된다.

1991년 옛 소련이 해체되면서 남쪽에 위치한 캅카스 3국인 조지아, 아르메니아, 아제르바이잔은 독립을 하였다.

그런데 조지아에 속한 압하지야 공화국은 1992년 독립 선언을 하였고, 러시아에 남아 있는 북오세티야와 별도로 남오세티야 공화국도 1991년 독립을 선언하면서 조지아와 내전에 휩싸였다.

조지아는 2003년 장미혁명 이후 친 서방 정권이 들어섰지만, 2008년 8월 러시아와의 전쟁에서 3일 만에 KO패 당하면서 지금까지 혼돈스러운 상황이다.

또한 아르메니아와 아제르바이잔은 1988년부터 아제르바이잔에 속한 나고르노 카라바흐 지역 인구의 대다수를 차지하는 아르메니아계가 독립을 요구하면서 현재까지도 전쟁 중이다. 그리고 러시아 북캅카스 체첸은 러시아로부터 독립을 요구하면서 1994년 1차 전쟁, 1999년 2차 전쟁을 하였다.

종교와 소수 민족 문제로 국제적인 화약고가 되어 버린 캅카스 지역은 언제 어느 때 상황이 급변할지 모른다. 어제와 오늘, 내일이 어떻게 바뀔지 전혀 알 수 없다.

이곳 중앙시장에 가면 아제르바이잔 사람들이 참 많은데, 그들이 말하길 이제는 아제르바이잔 바쿠에 한국인들이 많이 늘어나고 있단다.

하리코프에서 한 발자국 동쪽으로 이동하면 러시아 로스토브 온 돈과 볼고그라드 그리고 크라스노다르가 나오고, 좀 더 동쪽으로 움직이면 카자흐스탄의 서부 지역과 남쪽으로 우즈베키스탄이 나온다.

성모영보성당

타 라스 셰브첸코 기념비

와인의 나라 몰도바

여행 52일째 하리코프에서 몰도바 키시네프로

오후 12시 하리코프 버스터미널을 출발한 국제버스는 덜컹덜컹 18시간을 달려 다음 날 새벽 6시 몰도바 수도 키시네프에 도착했다.

키예프에서 하리코프로 올 때나 하리코프에서 키시네프로 갈 때 소피아 로렌이 주인공으로 나온 영화 〈해바라기〉의 무대 폴타바를 지난다. 영화에서처럼 하리코프에서 폴타바로 가는 약 150km 내내 해바라기와 옥수수 밭뿐이다.

처음에는 감탄사를 연발하다가 지겹도록 바라보고 있으면 머리가 빙빙 돈다. 만일 해바라기와 옥수수밭이 없다면 썰렁하겠지만, 영화에서처럼 그렇게 로맨틱하고 낭만적이진 않다. 폴타바를 여행하는 것도 좋지만 영화 〈해바라기〉를 떠올리면서 상상해 보는 것도 괜찮다.

하루종일 달리다 보니 2009년 러시아 투바 공화국의 키질을 여행할 때 크라스노야르스크에서 아바칸까지 약 460km를 버스를 타고 달리면서 본 유채꽃밭이 떠올랐다.

　지금 생각하면 150km도 만만치 않은데 460km를 유채꽃만 바라보며 버스를 타고 달렸으니 나 자신도 묘하다는 생각이 든다.

　새벽 3시 우크라이나 국경선에 도착하여 비몽사몽인 채 출국 검사를 끝내고 몰도바 국경선에서 여권과 출입국 카드를 적어 내자 잠시 후 입국 스탬프가 없는 여권을 그냥 돌려준다.
　세관원도 올라와 몇 마디하고는 여권 검사도 간단하여 몰도바 입국 스탬

프도 안 찍어 주느냐고 물었더니, 혹시 모르니 버스 티켓을 가지고 있으란
다. 싱거운 국경선이다.

여행 53일째 키시네프에서 만난 청년

루마니아 야시에서 30분만 가면 몰도바인데 몰도바 영사관이 한 달 휴
무여서 빙 돌아 오늘 새벽 6시 몰도바 수도 키시네프 북부 버스터미널에
도착했다.

오전 8시 30분 환전소가 문을 열 때까지 터미널 의자에 누워 아침을 맞
았다. 우크라이나 하리코프에서 몰도바 키시네프로 오는 버스 안에서 밤
새 한숨도 못 자고 18시간을 버텼으
니 잠이 쏟아졌다.

배낭을 베고 잠깐 눈을 붙이는데
근무하는 아가씨들이 힐긋힐긋 쳐다
보는 걸 보니 출근 시간이 된 것 같
았다.

배낭을 의자에 놔두고 환전소 앞으
로 갔다. 일요일이라 혹시나 했는데
다행히 제 시간에 문을 열었다.

피로가 몰려왔지만 배낭을 짊어지
고 자레아 호텔에 들어서자마자 샤워
를 하니 기분이 좀 가벼워졌다.

낮잠을 잘까 하다가 시내로 발길
을 돌리는데 누군가 나를 쳐다보다가

눈이 마주치자 "안녕하세요" 하고 인사를 건넸다. 그리고 "키시네프에 사는 교민이세요?" 하고 물었다.

왜 거리에서 서성이고 있느냐 물으니, 한 시간 넘게 택시를 기다리는데 잡을 수가 없다며 아는 분한테 가야 하는데 말이 안 통해 답답하단다.

잠시 후 택시를 잡아 주자 시간 있으면 같이 가자고 한다. 실례가 되지 않을까 망설이다 동행했다.

이 청년은 미국 휴스턴에서 음악 석사 과정을 공부하고 있는데 몰도바 필하모니 콩쿠르에 참석하게 되었다며, 인터넷을 통해 지금 만나러 가는 목사님을 알게 되었단다. 1992년부터 선교 활동을 하고 있는 분인데 알고 보니 고향 선배이고, 그분 아버님이 15년 전 지금의 교회를 짓다가 돌아가시자 뒤를 이어 교회를 완성하고 선교 활동을 하고 있다.

목사님을 만나고 밖으로 나오면서 청년은 지금 머물고 있는 호텔 하루 방값이 150달러로 너무 부담된다며, 좀 저렴한 호텔로 바꾸고 싶다고 다시 부탁을 했다.

분위기도 아늑하고 방값도 40달러인 호텔로 옮겨 주고 짐까지 정리해 주
자 식사를 같이 하자고 했지만, 학생에게 신세를 지는 것이 불편해 언젠가
인연이 되면 만날 수 있지 않겠냐며 헤어졌다.
　몰도바 필하모니 콩쿠르에서 좋은 결과가 있기를 기원하며 호텔을 나섰다.

　내가 머물고 있는 볼품없는 호텔방에는 여행을 하면서 늘 바라던 아주
큰 냉장고가 있다. 과일과 야채, 음료와 맥주, 보드카를 넣어 놓고 시원하
게 먹을 수 있어 펜트하우스가 부럽지 않았다.
　길 위의 여행자가 한여름에 싱싱한 야채와 과일을 맘껏 먹을 수 있다는
것이 얼마나 큰 기쁨인지 모른다.
　키시네프 거리에 넘쳐나는 쓰레기가 눈에 거슬리기는 했지만, 대통령 관
저 사진을 찍으려다 달려드는 경찰과 경호원 때문에 이미 찍은 사진까지
다 날려 버리는 줄 알았다.

키예프 개선문

여행 54일째 키시네프에서 몰도바 와인을

몰도바 국립 역사박물관을 찾았다.

입장료에 세금 별도, 거기에 사진 찍는 것까지 2중 3중으로 돈을 내고 안으로 들어서자마자 제일 먼저 눈에 띈 것은 박물관의 내용물이 아니라 유리상자 모서리에 작은 글씨로 '일본발전위원회에서 도움을 준 유리상자' 라고 쓰인 글씨였다.

홀에는 오래된 영화에서나 볼 수 있는 두꺼운 렌즈 안경을 쓴 할머니들 이 사진 찍는 요금을 낸 사람과 그렇지 않은 사람을 구별하느라 신경을 곤 두세운 채 꼿꼿하게 서 있다.

양심을 저버린 사람은 손이 후들거려 제대로 사진도 못 찍겠다.

아마도 1990년 초에서 2000년 초까지 옛 공산국가들을 경험한 여행자들 은 박물관이나 성당에 입장할 때 사진기와 비디오카메라로 찍으려면 따로 돈을 내야 하고 안내인 겸 감시자가 붙어 있었던 것을 기억할 것이다. 물론 지금도 몇몇 나라들이 그 전통을 이어가고 있다.

캅카스의 조지아 와인 도 유명하지만 몰도바 와인은 그 이상이다. 와 인을 사랑하는 사람들 이나 유럽의 와인 전문 가들이 첫 번째로 손꼽 는 와인이 바로 몰도바 와인이다.

키시네프 시내에서 제일 멋진 레스토랑에서 소고기 정식과 화이트 와인, 레드 와인을 한 잔씩 주문해 마셨는데, 이 와인이 왜 비싼 건지 도무지 모르겠다. 와인하고는 친하지 않은 탓이리라.

역시 나는 보드카로 깔끔하게 마무리했다.

여행 55일째 키시네프 마지막 날

이곳 사람들과 대화를 하다 보면 몰도바를 러시아어나 영어로 말할 때 몰다비아로 발음하는데, 몰다비아는 2주 전에 다녀온 수체아바와 야시가 있는 루마니아 동부 지역에 있는 지명이다.

루마니아와 몰도바가 형제 같은 사이여서 몰도바 공화국을 말하는지 루마니아의 몰다비아 지역을 말하는지 가끔 오해의 소지가 있다.

시중에서 파는 몰도바 관광책을 보면 숲이 우거진 키시네프 공원을 산책하고, 세계적으로 유명한 와인 터널이 있는 크리소바와 밀레스티 미치의 와인을 반드시 맛보아야 하며, 오르헤이 남쪽에 있는 중세도시 오르헤이 베키를 다녀와야 한단다.

그리고 키시네프의 다양한 식사 문화와 맥주와 와인을 음미할 수 있는 레스토랑과 카페를 둘러보고, 나와는 거리가 먼 나이트클럽의 짜릿한 밤을 즐기고, 역사와 예술 박물관을 찾아야 한단다. 또한 몰도바와의 내전으로 독립을 선포한 트랜스드네스트르 공화국도 다녀와야 한다고 안내하고 있디.

다음 여행을 위해 이번에는 키시네프에 머물렀지만, 2016년 우리 부부는 약 한 달간 몰도바 여행을 하면서 다양한 체험을 했다.

크리소바는 키시네프에서 약 15km 떨어진 곳으로 15세기에 완성된 고성 지하에 약 60~120km의 와인 터널이 있다. 이곳에서 블라디미르 푸틴 대통령이 50회 생일을 보냈다고 한다.

키시네프에서 남쪽으로 두 시간이면 도착하는 밀레스티 미치는 61m 지하에 유럽에서 가장 긴 200km에 와인이 저장되어 있다고 한다. 옛 소련 지하철이 핵폭탄 방공호 역할을 했는데 60~200km의 와인 터널은 어떤 상황에서도 끄떡없을 정도다.

키시네프에서 그리 멀지 않은 이 두 곳을 가려면 여행사에 신청해 최소 15명 이상이 함께 갈 수 있고 아니면 직접 차를 몰고 가야 한다. 나처럼 홀로 여행하는 경우에는 여행사에 신청하든지 차를 빌려 갈 수밖에 없다.

또 한 곳은 UN이 인정하지 않는 아주 엉뚱한 나라 아니면 몰도바의 한 지역이 있다. 트랜스드네스트르 공화국으로 입국할 때 200유로를 휴지 조각 같은 그들의 화폐로 의무적으로 교환해야 하는데, 쓰고 남은 화폐는 다시 유로나 달러로 바꿔 주지 않는다.

이곳 트랜스드네스트르를 여행하는 외국인 여행자도 거의 없지만, 어쩌다 가끔 오는 여행자들도 반기지 않는 무관심이 나 같은 여행자에게는 안성맞춤이다.

2016년 우리 부부는 트랜스느네스트르를 여행하면서 흑백의 시간 위에 머물렀는데, 다시 한 번 화려한 필름이 아닌 먼지 묻은 시간을 갖고 싶다.

149

몰도바에서 크림반도로

여행 56일째 키시네프에서 오데사로

좀 더 머물고 싶은 몰도바 키시네프를 떠난다.

키시네프 북부 버스터미널에서 오전 11시 30분에 출발하여 오데사에 오후 5시 30분에 도착했으니 6시간 달려왔다.

버스 운전석 앞 유리에는 눈이 어지러울 정도로 온갖 물건들이 치렁치렁 매달려 있다. 또 귀가 따가울 정도로 음악을 틀어 놓아 무척 거슬렸다. 그것도 부족한지 플레이보이 아가씨들의 누드 사진 사이에 성모 마리아상 사진도 걸려 있다.

몰도바 팔랑카 국경선과 오데사 국경선을 넘어 한참 달리던 미니버스가 멈추더니 갑자기 차를 돌려 지나온 오데사 국경선으로 바람같이 달려갔다. 오데사 국경선 사무실에 그만 각종 서류를 놓고 온 것이었다.

미니버스가 되돌아갈 땐 머리카락 휘날리듯 달려가자, 지금까지 왜 굼벵이처럼 운전했냐며 승객들이 한마디씩 했다.

국경선 쪽으로 넘어오면 양쪽 길가에 커다란 시장이 나타난다. 몰도바

농민들이 새벽에 국경선을 넘어와 농신물을 펼쳐놓고 이곳 사람들에게 좀 더 비싸게 팔고 해가 떨어지면 다시 국경선을 넘어 돌아간다. 이들에게는 국경선이 큰 의미가 없이 옛 소련 지역을 그냥 오가는 것뿐이다. 나 같은 여행자에게나 국경선이 존재한다.

그러고 보니 이번 여행에서만 옛 소련의 국경선을 짧게는 30분, 길게는 6시간 가까이 기다리면서 육로로만 34군데를 넘나들었다. 앞으로도 그런 국경선을 수도 없이 지날 것이다. 지난 15년 동안 옛 소련 국경선을 배로 기차로 버스로 200여 곳은 밟았을 것이다.

오데사 도쿄 호스텔에 배낭을 풀었다.

이 도쿄 호스텔은 트람바이 터널 공장 다섯 개 중 한 개를 리모델링한 것인데, 사방이 막힌 1.5평 정도에 침대와 화장실이 다닥다닥 붙어 있는 전형적인 일본식 호스텔이다. 숙박비는 하루 10달러.

여행자들이 머물기에 좋은 호스텔로 가는 길에는 일본 스시 카페가 즐비한데, 이제 호스텔마저 일본식이다.

여행 57일째 오데사에서의 첫날

10달러짜리 일본식 호스텔에 자면서 우리 음식이 먹고 싶어 비슷한 일본 스시 카페에서 35달러나 주고 저녁을 먹었다. 어느 곳이든 일본 스시는 만만치 않은 가격이다.

따끈따끈한 밥에 김치 깍두기가 나오는 식사는 아니지만 푸석푸석한 쌀밥에 미역국을 주문해서 먹으니 주변에서 초밥을 먹고 있는 사람들은 도무지 이해가 안 가는 모양이다. 공깃밥을 하나 더 주문하자 눈치 빠른 종업원 아가씨가 두 배나 큰 대접에 밥을 퍼다 주었다.

우크라이나 쌀이 좋아서 그런지 배가 고파서 그런지 정말 맛있게 먹었다. 한국 사람은 밥을 먹어야 힘이 나는 것이 분명하다.

몰도바나 크림반도를 비롯한 옛 소련 지역을 여행할 때 러시아 국민가수 알라 푸가체바가 부르는 '백만 송이 장미'를 자주 듣게 된다. 이 곡은 라트비아의 가요 '마라가 준 인생'이라는 곡을 번안한 것으로 우리 귀에는 심수봉의 노래로 더 익숙하다.

153

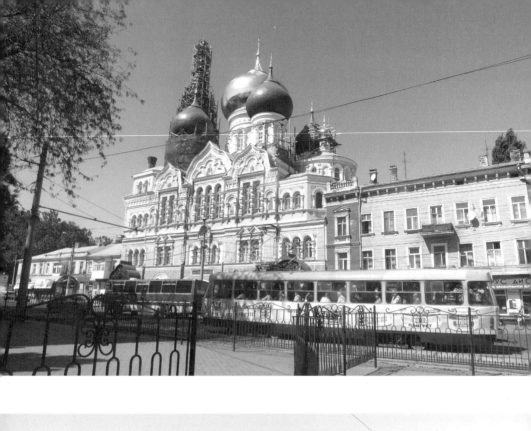

키시네프나 오데사에서도 남미에서 온 인디오들이 그들의 민속 음악을 연주하는 모습을 자주 본다. 특히 남미 페루의 무엇에도 얽매이지 않는 '자유'라는 뜻을 가진 새 콘도르를 주제로 한 '엘 콘도르 파사', 즉 '철새는 날아가고'는 인디오들의 단골 레파토리다.

이 노래는 1913년 페루 독립을 주제로 한 오페라 음악으로 1970년 사이먼 앤 가펑클이 영어로 번안해서 불러 전 세계적으로 유명해졌다. 페루 정부는 2004년 이 노래를 국가문화유산으로 지정했고, 우리나라에서도 많이 알려져 있는 이 노래를 연주하는 모습을 넋 놓고 바라보았다.

여행 58일째 오데사에 관광객이 몰려드는 이유

방에 창문이 없으니 시간 구분이 잘 안 된다.

일찌감치 밖으로 나가보니 밤새 가을비가 내린 모양이었다.

하늘을 가리고도 남을 만큼 우람한 고목들이 오데사 시내를 뒤덮고 있는데 그 위에 가을비가 내리니 길 위에는 소파처럼 푹신푹신한 나뭇잎들이 뒹굴고 있어 가을이 성큼 다가왔음을 알겠다. 고목들에서는 야생의 냄새가 물씬 풍겼다.

수도 키예프와 제2의 도시 리보프 그리고 지금 머물고 있는 오데사는 흑해 연안의 아름다운 항구도시로 많은 관광객이 몰려든다. 항구에서는 크림 지역을 오가는 대형 페리호가 손님들을 맞이하느라 정신없고, 여행객들로 북적거리는 카페는 여간 소란스러운 것이 아니다.

크림반도에서 두 번째로 큰 도시 심페로폴 가는 기차표를 사러 갔더니 매진이다. 할 수 없이 장거리 버스터미널에서 오후 5시 30분 오데사를 출발하여 내일 아침 6시 10분 심페로폴에 도착하는 버스표를 샀다.

오늘 밤 12시간을 버스 안에서 보내야 하는데 만만치 않을 것 같다.

이른 저녁을 먹고 잠을 자는 것이 상책이다 싶어 큰 컵으로 보드카를 한잔 마시고 버스에 올랐다.

땅거미가 지고 저녁노을이 시골 마을을 비추자 두둥실 떠오른 보름달이 버스를 따라왔다. 그러고 보니 내일 모레가 추석이다.

이번 추석도 머나먼 크림반도에서 보낸다.

여행 59일째 심페로폴를 거쳐 얄타로

밤에 12시간씩 버스를 타는 것도 여간 곤혹스러운 것이 아닌데 옆 자리에 젊은 엄마가 갓난아이를 안고 탔다. 그런데 아기가 시도 때도 없이 울어 엄마도 쩔쩔매고 나도 뜬눈으로 지새웠다. 혹 중간에 내리지 않을까 했는데 웬걸, 끝까지 갔다.

아침 6시 심페로폴 버스터미널에 도착하니 금방이라도 소나기가 쏟아질 듯 하늘에 먹구름이 잔뜩 몰려 있다.

초겨울같이 기온도 뚝 떨어져 두꺼운 옷을 꺼내 입고 허기를 달랠 겸 식사할 만한 곳을 둘러보았지만 너무 이른 아침이라 썰렁했다. 터미널 주변이라 문을 연 식당이 있을 법도 한데 조용했다.

배낭을 베고 잠시 누워 있으니 7시가 되어서야 물건보관소 문이 열렸다.

배낭을 맡기고 시내로 걸어가는데 오데사에서부터 심페로폴까지 같은 버스를 타고 온 귀여운 헝가리 아가씨가 내 뒤를 졸졸 따라오기에, 함께 심페로폴이나 한 바퀴 돌자고 손짓을 하자 잽싸게 내 옆으로 다가왔다. 버스에서 잠깐 통역을 해 준 것이 인연으로 이어진 것이다. 낯선 곳에서

낯선 여행자와 함께하는 시간도 흥미롭고 신선하다.

심페로폴에서 2시간 정도 떨어져 있는 얄타에 도착했다.

이곳도 거리를 걷다 보면 사람들과 부딪혀 걸을 수 없을 정도로 어지럽고 시끄러워 머리가 지끈지끈 두통약을 먹고 움직여야 할 판이다.

또한 넘쳐나는 관광객들 때문에 방 구하기도 쉽지 않다. 허름한 호텔에 사정사정해서 겨우 얻은 제일 비싼 룩스 방이 45달러나 한다.

이 호텔은 룩스를 제외하고 나머지 방은 오전 8시에서 오후 10시 사이에 지정된 곳에서만 샤워를 할 수 있는 독특한 방식이다. 아마 시간이 지나면 이렇게 샤워할 수 있는 것도 추억으로 남을 것이다.

한여름 내내 열리는 크림 축제로 해안가는 커다란 음악 소리에 귀가 멍하다. 호텔에서 조용히 쉬고 싶지만 여름 휴양지가 그렇듯 전 세계에서 몰려든 여행자들로 왁자지껄 들썩들썩했다.

크림반도로 몰려든 화려한 비키니 차림의 아가씨들 때문에 눈길을 어디다 둬야 할지 곤란하지만, 여행지에서 볼 수 있는 풍경이니 즐겁기도 하다.

얄타에서 흑해를 가로질러 러시아 노보로시스크나 소치로 가는 유람선이 있었는데, 이번 여름에는 항구 입구에 커다란 나무로 X자 표시가 붙어 있다.

여행 60일째 알타에서 케르치로

새벽까지 야외에서 벌어진 축제 때문에 잠을 설치다 눈을 떠보니 새벽 4시다. 더는 잠이 안 와 날이 밝을 때까지 뒤척였다.

촉촉이 내리는 가을비를 맞으며 얄타에서 케르치로 이동하기로 했다.

다시 얄타에서 심페로폴까지 약 80km를 되돌아가 심페로폴에서 케르치까지 약 200km를 7시간 동안 이동해야 한다.

흑해 휴양지 도시들보다 더 아름다운 흑해를 끼고 달리는 버스는, 특히 심페로폴에서 중간의 훼어도시바까지는 크림반도에서 가장 시골스러운 풍경을 보면서 달린다. 해안 마을 사람들이 과일과 채소를 펼쳐놓고 팔고 있는 풍경은 여행지에서 만날 수 있는 사람 사는 모습이다.

크림반도를 다시 여행한다면 이 구간은 불편함을 감수하더라도 꼭 버스를 타고 지나리라.

조용하고 차분한 케르치가 여행자의 마음을 사로잡는다.

옛 소련 어느 도시를 가나 울창한 숲이 여행자의 발길을 멈추게 한다.

손때가 묻지 않아 거칠다 싶은 다른 도시에 비해 케르치는 가로수가 예쁘게 정돈되어 있어 걷다 보니 케르치 해변은 캅카스의 아제르바이잔 바쿠항과 비슷해, 사진으로만 보면 착각할 정도로 닮았다.

바쿠항은 관광객들로 붐비고 케르치항은 몇몇 사람이 산책을 하고 있을 뿐, 연인과 함께 조용히 머물다 떠나고픈 케르치다.

지도 오른쪽 맨 아래에 있는 자그마한 도시라 잘 보이지도 않는 케르치에서 러시아 크라스노다르와 연결된 곳으로 넘어간다. 케르치 시간 9월 11일 오후 7시, 한국 시간 9월 12일 새벽 1시, 추석이다.

크림반도 동쪽 최남단 아주 작은 도시 케르치에서 러시아와의 국경선을 사이에 두고 소치로 넘어가기 위해 기다리며 2011년 추석을 보내고 있다.

어머니와 아내한테 전화를 하고 싶어도 목소리를 듣지 않는 것이 더 나을 것 같다. 목소리를 들으면 마음이 더 울적할 테니까.

케르치 버스터미널에서 러시아 국경선을 18km 앞두고 국경선이 열리기를 기다리며 시계를 보니, 밤 11시 25분 러시아 소치로 출발하는 버스가 오려면 앞으로 3시간을 더 기다려야 한다.

주머니에 남아 있는 달랑 7달러로 물 한 병과 맥주와 과자를 사서 저녁을 해결했다. 이번 여행에서만 우크라이나를 세 번 드나들면서 환전을 하고 싶어도 출국하면 다시 입국하지 않을 것 같다.

여기서 약 15시간을 달리면 소치에 도착한다.

동계올림픽이 열린 러시아 소치

여행 61일째 크림반도 케르치에서 러시아 소치로

과거 한 나라였던 옛 소련 연방공화국들은 국경선이 거미줄처럼 이어져 있다. 케르치 버스터미널에서 18km 떨어진 국경선까지는 버스로 30여 분 걸리는데, 크림반도 케르치 국경선에서 여권 검사가 끝나면 육로가 없어 대형 화물선이 기다린다.

크림반도 케르치와 러시아 아빠라 국경선 사이는 남쪽은 흑해, 북쪽은 아조프해가 만나는 곳으로 대형 버스 2대, 자가용 10대 정도 실을 수 있는 화물선을 타고 여행자들도 러시아 국경선으로 향한다.

러시아 국경선에서 내 여권과 러시아 비자 검사를 하던 세관원들이 갑자기 분주해지기 시작했다. 수화기를 들고 여기저기 전화해 상사를 부르고 서로 귓속말을 하더니 상사가 다가와 조금만 더 기다리란다. 그리고 잠시 후 다시 와서는 좀 더 기다려 딜란다.

나와 함께 여권 검사를 받던 사람들은 모두 버스에 올랐는데 상사가 와서 나를 사무실로 데리고 갔다.

기다리고 있던 국경선 대장이 러시아 1년 멀티 비자에 찍힌 초청 기관이 러시아 올림픽위원회인데(당시 위원회 위원장이 지금의 푸틴 대통령이었다.) 이 위원회와 무슨 관계가 있느냐고 물었다.

그리고 러시아 올림픽위원회 비자를 가진 사람이 공식이든 비공식이든 소치를 왜 이렇게 복잡하게 가느냐며, 혹시 푸틴과 관련이 있느냐는 둥 보내 줄 생각은 않고 계속 질문을 했다.

은근히 짜증이 나서 러시아 올림픽위원회 위원장이 친구라고 하자 갑자기 여권에 도장을 팡팡 찍어 주고는 부하를 시켜 배낭을 버스까지 들어다 주고 정중히 인사를 했다.

버스에서 기다리던 사람들도 그래서 늦었다고 하니 그들도 이상한 눈으로 나를 쳐다보았다. 다들 나를 푸틴의 친구로 생각하는 모양이었다.

크림반도 케르치 국경선을 넘어 러시아 아빠라 국경선에 도착하면 여기서부터 소치까지 약 8시간을 더 달려야 한다.

동부의 흑해는 대관령보다 더 꼬불꼬불한 어지러운 고갯길을 지난다. 아마 러시아 전역에 있는 다차(별장)나 사나토리움(휴양원)을 다 합쳐도 이 길만큼은 적을 것이다. 2,867m의 휘리트산을 왔다 갔다 하다 보면 흑해로 빨려들 것만 같은 황홀한 착각에 빠진다.

문득 예전에 캅카스 여행을 마치고 조지아 바투미에서 터키 이스탄불까지 버스를 타고 갈 때 흑해 남쪽을 끼고 약 1,300km를 달리던 생각이 났다.

11일 저녁 11시 25분 케르치를 떠나 아빠라 국경선에서 이런 해프닝이 있은 후 12일 오후 3시, 15시간 만에 소치에 도착했다. 기차가 없어 버스

를 탈 수밖에 없지만 정말 대단한 길이다.

2년 만에 러시아 서남쪽 휴양도시이자 2014년 동계올림픽이 열린 소치에 도착해 콤소몰스카야 호텔에 도착하니 예약 손님이 많아 이틀 이상은 머물 수 없단다.

2009년에도 똑같은 말을 하면서 1인실 싱글이 겨울엔 40달러, 봄가을엔 50달러, 여름에는 70달러다. 그런데 키를 받고 번호를 확인하고 방에 들어가니 2년 전 내가 묵었던 그 방이었다.

여행 62일째 소치를 떠나며

생각지도 않게 터키 트라브존을 경유하게 되었다.

소치에서 조지아 바투미로 들어가는 배는 매주 화요일 오후 6시 30분에 있는데, 2008년 러시아와 조지아의 전쟁 이후 오로지 옛 소련 사람들만 탈 수 있고 외국인은 탈 수 없다.

소치에서 여객선을 타고 조지아 바투미로 입국해 캅카스 3국인 조지아, 아르메니아, 아제르바이잔을 돌아보고 부정기로 운행하는 바쿠에서 카자흐스탄의 아크타우로 입항할지, 아니면 러시아 볼가 지역인 아스트라한으로 국경을 넘어 블라디보스토크까지 시베리아 횡단열차를 타고 갈지 결정을 못하고 있다.

오데사와 얄타에서 여객선이 차질을 빗더니 소치에서도 말썽이지만 뜻하지 않은 변수가 생기는 것이 여행 아닌가.

매주 수요일 터키 트라브존으로 가는 두 편의 여객선이 있는데 하나는 일반 여객용이고 또 하나는 특급, 익스프레스 쾌속정이다.

일반 여객용은 오후 4시에 출발해 다음 날 새벽 4시 터키 트라브존에 도착한다. 침대칸은 170달러, 의자칸은 130달러이며, 쾌속정은 오후 1시에 출발해 4시간 30분 만에 트라브존에 도착하는데, 요금은 130달러다.

터키 트라브존을 거쳐 조지아로

여행 63일째 소치 - 터키 트라브존 - 조지아 바투미로

정확하게 1시간 30분 늦게 출발한 쾌속정은 소치에서 트라브존까지 약 300km를 4시간 30분 동안 흑해를 항해한다.

여행객 대부분이 터키 사람들인데 두 명의 러시아 남자가 내가 한국에서 왔다고 하자 자기들은 캄차카와 블라디보스토크에서 왔다고 소개했다. 같은 러시아인데 나보다 더 먼 곳에서 온 것이다. 러시아 땅이 넓긴 넓다. 그러니 옛 소련 땅이 얼마나 넓은지 여행을 하면서 실감한다.

그 중 한 남자는 서울, 부산, 제주도 여행을 다녀왔다며 김치와 삼겹살이 아주 맛있다면서 엄지손가락을 치켜세웠다.

한술 더 떠 부산에서 먹은 회 맛을 잊지 못한다며 러시아의 일본 스시 카페에서 파는 스시는 쳐다보지도 않는단다. 한국을 여행한 러시아 남자들을 만나 군침 도는 얘기를 하고 나니 시장기가 느껴졌다.

흑해를 가로질러 터키 트라브존으로 들어가는 배 안에서는 삼삼오오 바에 앉아 차와 맥주를 마시며 대화를 나눈다.

러시아 두 남자와 서로 자기 나라 자랑을 하며 맥주와 보드카를 마시다 보니 어느덧 저녁 7시 터키 트라브존에 도착했다.

트라브존 항구에 도착하자마자 뭐가 그리 바쁜지 입국 수속을 밟느라 어수선했다. 세관원은 맨 나중에 나온 나를 사무실로 데려가더니 여권을 복사하고 배낭도 검사했다. 시간이 많이 지체되었다.

7년 전 트라브존을 여행할 때 터키 북부 어부들이 흑해에서 방금 잡아온 싱싱한 고등어를 먹은 추억이 떠오르고, 캅카스 여행을 마치고 버스를 타고 터키 이스탄불로 향하면서 아름다운 흑해 남쪽 터키 농부의 모습을 바라보던 그 길을 이제는 반대로 달리게 된다.

저녁 8시 트라브존을 떠나 새벽 1시 조지아 바투미에 도착하는 버스에 올랐다. 작고 귀여운 안내양이 물과 커피, 차를 나눠 주었다. 그러면서 쓰레기를 버스 안에 버리지 말라고 야단치듯 소리를 지르니 덩치 큰 남자들도 꼼짝 못했다. 내 옆에 앉은 청년은 과자를 흘리며 먹다가 뭐라고 하자 말없이 그냥 집어넣었다.

어느덧 터키 호빠 국경선에 이르러 여권을 검사하던 세관원이 또 나를 멀찌감치 떨어진 사무실로 데려가서 자세히 검사했다. 트라브존 항구 세관원도 그러더니 터키 양쪽 국경선에서도 은근히 예민해진다.

터키 국경선을 넘어 조지아 사파리 국경선에 도착하자 세관원이 조지아는 처음이냐고 물었다. 그러더니 내 여권의 조지아 비자를 보면서 여러 번 다녀갔는데 무슨 일을 하느냐며 마피아냐 야쿠자냐 하고 농담을 건네더니 장난치듯 "WELCOME!" 하며 스탬프 찍어 주었다. 터키 국경선과 조지아 국경선에서 세관원의 태도가 너무 달라졌다.

예전에 그렇게 거칠던 조지아 세관원들의 모습과 야들야들하던 터키 세관원들의 모습을 보면서 새삼 바뀔 것 같지 않던 것이 바뀌었음을 실감했다. 내 편도 네 편도 없는 공평한 세상이다.

조지아 사파리 국경선의 초라하던 검문소도 넓고 시원한 현대식 건물로 바뀌었고, 복잡하게 왔다 갔다 하던 길도 하나의 통로로 간결하고 편리하게 만들어 놓았다.

국경선에서 바투미 시내까지는 약 17km로 7년 전에는 조지아의 명물인 귤이 주렁주렁 달린 시골길을 달렸는데, 지금은 대형 주유소와 호텔들과 식당들이 어두운 밤길을 밝히고 있다. 지금도 몰라볼 정도인데 세월이 지나면 또 어떻게 변할지 기대된다.

조지아의 시골길은 이제 추억으로 남겨 놓고 바투미에 도착하니 새벽 1시다. 택시를 타고 호텔에 갔더니 역시 방이 없다고 한다. 호스텔도 자그마치 70달러라니!

할 수 없이 택시 기사에게 부탁해 알아본 개인 주택도 40라리 약 33달러인데, 이 시간엔 선택의 여지가 없었다.

러시아 소치에서 터키 트라브존을 거쳐 사파리 국경선을 넘어 조지아 바투미까지 이동하면서 온몸이 늘어져 우선 잠을 자고 싶을 뿐 아무 생각이 없었다.

러시아, 터키, 조지아 세 나라를 거쳤으니 무리였던 것이다.

여행 64일째 바투미에서 트빌리시로

7년 전엔 풀냄새를 맡으며 정겨운 돌담길을 따라 산책하던 조용하고 아담한 바투미였는데, 지금은 온 도시가 공사 중이고 길도 시멘트로 포장되어 있다.

하루가 다르게 세상은 변하고 있는데 나는 푸석푸석 먼지 날리던 바투미의 옛 모습이 그립기만 하다. 흙을 밟고 지나던 오솔길과 먼지를 마셔가며 달리던 옛 생각이 나지만 7년의 세월이 흘렀으니….

트라브존에서 바투미까지 같은 버스를 타고 와 민박집에 함께 묵은 이라크 청년은 조지아어도 러시아어도 몰라 앞으로 여행길이 걱정이라며 이것저것 물어보면서 밤새 노트북과 씨름하더니, 12시가 넘어 내가 배낭을 꾸려 트빌리시로 떠날 때까지도 꿈속을 헤매고 있었다.

2003년에 발발한 이라크전쟁 또는 제2차 걸프전쟁, 또 다른 표현으로는 이라크 자유작전이 아직 끝나지 않은 2011년 상황에서 이라크 청년이 터키와 조지아를 비롯해 그 밖의 지역을 배낭 메고 돌아다닌다는 것은 쉬운 일이 아니다. 한쪽에서는 수많은 사람들이 죽어가고 있었으니 아이러니하기만 하다.

바투미에서 미니버스를 타고 6시간 만에 트빌리시에 도착했다.

아주 오래전에 머물렀던 민박집 주소를 그만 깜빡했지만, 그 집 못지않게 인자한 할머니가 운영하는 민박집에 배낭을 풀었다. 학교에서 영어를 가르치던 선생님이어서 영어는 물론 독일어도 유창하고 러시아어는 당연했다.

어느 말로 대화하는 것이 편한지 묻기에 러시아어로 하자고 하자 북한에서 온 줄 알고 다시 한 번 여권을 확인하고는 피식 웃었다.

사나흘 머물겠다며 돈을 먼저 주려 하자 떠날 때 달라고 한다.

ㅁ자형 넓은 집 안 한가운데 정원이 있고 포도와 사과, 석류가 주렁주렁 달려 있는 나무들 사이로 커다란 코카시안 오브차카 느림보 개가 어슬렁어슬렁 여행자들을 반긴다.

여행 65일째 트빌리시에서의 추억에 감사하며

트빌리시 시청을 비롯해 여기저기 공사 중인 것으로 보아 옛 소련의 그림자를 지우려는 모습이 역력했다.

시청 앞 횡단보도 앞에 경찰이 서 있는데도 자국민이든 여행자든 그냥 건너는데 경찰은 멍하니 바라만 본다.

신호등이 무색하고 거리에는 담배꽁초와 쓰레기 천지인 데다 거리 곳곳에 있는 동상들은 관리를 하지 않아 먼지와 오물을 뒤집어쓰고 있어 안타깝기만 했다.

조지아는 옛 소련 열다섯 국가 중에서 2003년 처음으로 당시 에두아르트 세바르드나제 대통령을 무혈 혁명으로 퇴진시킨 장미혁명을 일으켰다. 당시에도 국제투명성부패인식지수에서 전체 145개국 중 133위를 기록할 정도로 혼란스러운 상황이 지금까지 이어지고 있는 것이다.

2008년 러시아와 조지아 전쟁으로 소치에서 터키 트라브존을 경유해 바두미를 시나 트빌리시로 왔는데 정감 어린 조지아의 추억이 혼란스럽다.

그래도 천천히 한 발자국 걷고 하늘 한 번 쳐다보고 또 한 걸음 걸으며 벌써 쌓여 가는 낙엽을 쓸고 있는 청소부 할머니를 바라보면서 변화의 바람에 휩싸인 트빌리시 거리를 돌아보았다.

오래전 나에게 조지아 전통 음식과 최고의 와인을 선물해 준 친구들도 잘 지내고 있는지 궁금했다.

조지아는 미국 동남부에 있는 주 이름과 영문으로도 같아 혼동할 수 있는데, 조지아 사람들은 서운할지 모르지만 나는 옛 소련 시절부터 내려오던 그루지야로 표현한다. 이곳을 여행할 때마다 아름다운 추억을 만들어 준 트빌리시에 감사한다.

민박집 바로 옆이 트빌리시 주 아르메니아 대사관이어서 이란 사람들이 기다리고 있는데, 경비원이 묻기에 서울에서 왔다고 하자 사람들을 제치고 제일 먼저 2층 사무실로 들어가란다. 비자 신청을 받는 사람이 7년 전의 그 아가씨여서 깜짝 놀랐다.

그녀는 여기서 비자를 받는 데 3일 걸리지만 한국 사람은 국경선에서 비자 받는 것이 편하고 비용도 저렴하다며 상냥하게 안내해 주었다.

내가 7년 전 아르메니아 여행 때 당신한테 비자를 받은 기억이 난다고 하자 나를 쳐다보았다. 옆에 서 있던 영사는 아르메니아 꼬냑이 최고라며 엄지손가락을 치켜세웠다.

나도 그 꼬냑 맛을 못 잊어 7년 만에 다시 간다고 하자 사무실에 한바탕 웃음꽃이 피었다.

언젠가 또 만나자며 인사를 나누고 대사관을 나섰다.

티빌리시 성 삼위일체 대성당

여행 66일째 트빌리시에 낙엽은 쌓이고

와인과 맥주, 그리고 보드카를 마시던 이름도 예쁘고 정겹던 바와 야외 카페들이 문을 닫고 그 자리에 터키 케밥 식당들이 차지하고 있었다.

이번 여행에서도 케밥은 우크라이나 키예프에서부터 당분간 먹고 싶은 생각이 전혀 없을 만큼 먹었다.

그리고 트빌리시 거리에 전에 없던 걸인들이 왜 이리 많아졌는지, 중앙아시아 타지키스탄 두샨베보다 더 많아져 걸음을 옮길 때마다 동전을 달라고 손을 내미니 마음이 편치 않았다.

낙엽은 쌓이고 마음 급한 마네킹은 벌써 겨울 코트를 걸치고 있다.

민박집 앞마당 테이블 위에는 밥을 먹을 때마다 낙엽이 떨어졌다.

완연한 가을로 접어들었다.

늘 전쟁의 그림자가 드리운 아르메니아

여행 67일째 조지아 트빌리시에서 아르메니아 예레반으로

이 민박집을 떠나는 것이 트빌리시를 떠나는 것보다 더 아쉬웠다.

민박집 비용을 지불하자 할머니는 공손히 두 손을 펼치며 정중하게 인사를 했다. 그리고 아르메니아 예레반으로 출발하는 버스터미널까지 배웅해 주었다. 이렇게 여행하면서 만난 분들이 지금은 잊을 수 없는 추억으로 남아 있다.

트빌리시를 출발한 미니버스가 예레반을 향해 얼마나 빨리 달리는지 웬만한 스포츠카는 따라오지 못할 것 같다. 조지아에서는 양떼들이, 아르메니아에서는 소떼들이 도로를 가로막고 있어도 바람같이 피해서 달린다.

아르메니아 국경선에 도착해서는 3주 비자가 3,000드람 약 8달러로 유로화나 달러를 넣으면 드람이 나오는 자동 환전기가 있어 편리했다.

예레반도 많이 변했지만 그래도 눈에 익숙했다.

67일째 여행하는 동안 가장 깨끗한 엔보이 호스텔은 20달러에 8명이 함께 자지만 지하 1층의 넓은 주방 겸 휴게실도 만점, 인터넷과 샤워실, 화장실 등이 웬만한 호텔보다 훌륭했다.

2014년 아내와 함께 캅카스를 한 달간 여행할 때도 트빌리시와 예레반의 엔보이 호스텔 특실에 묵었는데 특급 호텔 못지않았다.

여행 68일째 준 전쟁 상황인 예레반

아르메니아 사람들의 묵직한 메부리코처럼 생긴 것이 또 하나 있는데, 다름 아닌 예레반 지하철이다. 옛 소련 공화국의 지하철 중에는 박물관 못지않게 꾸며 놓은 곳도 있고 예레반처럼 무식하게 생긴 곳도 있다.

지하철 역 이름도 제대로 보이지 않아 낯선 여행자들은 찾기도 힘들고, 역과 역 사이는 다른 공화국 지하철의 2~3배는 더 길다. 하지만 원래 역 이름으로 적었던 러시아어를 그대로 두고 아르메니아어로도 써놓아 그나마 다행이다.

오늘 예레반은 아침부터 해가 떨어질 때까지 군사 퍼레이드를 벌이느라 시내가 들썩들썩했다.

옛 소련에서 독립한 지 20년이 되었으나 1988년부터 현재까지 아르메니아와 아제르바이잔은 나고르노 카라바흐 지역 때문에 분쟁 또는 전쟁의 그림자가 늘 존재하고 있다. 1994년 평화협정 없이 휴전을 했지만, 2020년 코로나19가 전 세계를 휩쓸고 있는 9월에도 전쟁이 터졌다.

기독교 국가인 아르메니아는 이슬람인 서쪽의 터키와 남쪽의 이란, 그리고 동쪽의 아제르바이잔 사이에서 생존하기 위해서는 어쩔 수 없을 것이다.

몰도바에서는 그 유명한 화이트 와인으로, 조지아에서는 레드 와인으

예레반 카토기케 교회

로 목을 축였는데, 이곳에서는 트빌리시 아르메니아 대사관 영사가 말하던 아라랏 꼬냑으로 찐하게 목을 달랜다.

주방에서 꼬냑과 말린 생선으로 저녁을 대신 하는 동안, 전 세계에서 몰려든 여행자들의 발길이 끊임없이 이어졌다.

여행 69일째 예레반을 떠나며

조지아 트빌리시로 다시 들어가 아제르바이잔 비자를 받을 수 있을지 의문이다. 트빌리시의 지정된 여행사를 통해 200~230달러를 내고 아제르바이잔 비자를 신청하면 3일 후 받을 수 있다.

아르메니아와 아제르바이잔은 나고르노 카라바흐 지역 때문에 준 전쟁 상황이라 아제르바이잔 비자를 받으려면 여권에 아르메니아 비자가 없어야 하는데 아르메니아 비자가 찍혀 있어 불안했다. 반대로 아르메니아는

아제르바이잔 비자가 있어도 입국을 허용해 준다. 그래서 예전에 캅카스 3국을 여행할 때 제일 먼저 아제르바이잔부터 시작했다.

　2008년 아제르바이잔에 있는 투르크메니스탄 대사관이 문을 닫은 상태라 바쿠에서 투르크멘바쉬까지 화물선을 타고 갈 수 없는 상황이었다. 또한 바쿠에서 카자흐스탄 아크타우까지 운행하는 비정기선 화물선도 미정이어서 이번엔 어쩔 수 없이 한 구간 하늘로 날아가기로 했다.

　느릿느릿 땅을 밟아가는 것을 좋아하는데 아제르바이잔은 다음으로 미루고 카스피해 하늘을 날아 곧장 카자흐스탄 아크타우로 간다.

　아르메니아 예레반에서 출발해 카자흐스탄 아크타우를 경유해 알마티까지 편도 값이 자그마치 370달러다. 또 언제 올지 모르는 아르메니아. 정겨운 사람들과 아르메니아 꼬냑, 조지아 와인을 두고 떠난다.

　조지아의 서운함, 아르메니아의 정겨움, 아제르바이잔의 그리움으로 캅카스 여행을 짤막하게 마쳤다. 가을비가 촉촉이 내렸다.

카스피해 하늘을 날아 알마티로

여행 70일째 아크타우에서 알마티로

아르메니아 예레반에서 0시 10분에 이륙해 카스피해 하늘을 가로질러 1시간 30분 만에 카자흐스탄 아크타우에 새벽 1시 40분에 도착했다. 배와 버스와 기차를 타고 왔다면 10일 정도는 걸렸을 것이다.

이 카스피해 하늘길은 정말 피하고 싶은 길인데 어쩔 수 없이 선택했다.

옛 소련 연방공화국을 오가던 30~40년 된 '야크'라는 비행기는 사고가 터질 때마다 등장한다. 2006년에는 방금 내가 타고 온 아르메니아 에어버스 비행기가 예레반에서 이륙해 기상 악화와 조종사의 실수로 국경선을 넘자마자 카스피해로 추락, 113명 전원 사망한 사건이 있었다. 2005년에도 아제르바이잔 아잘 비행기가 카스피해에 추락하여 23명 전원 사망했다.

캅카스 국가에서 이륙하면 곧장 카스피해 하늘이라 비상 착륙할 방법이 없는데, 조금 전 타고 온 비행기가 새벽 0시 10분에 이륙한 것도 그렇고, 거기에다 엄청난 폭우가 내려 손에 땀을 쥐고 있는데 다른 승객들은 쿨쿨 잘도 잤다.

5시간 후인 6시 30분에 알마티로 이륙하는 비행기를 기다리기 위해 아크타우 공항에서 배낭에 기대어 잠깐 눈을 붙였다.

2009년 우크라이나 키예프 기차역에서 카자흐스탄 우랄스크 기차역까지 2박3일 같은 침대칸을 타고 온 카자흐스탄 청년 후한덕이 아트라우 그의 집으로 나를 초대한 기억이 떠올랐다. 아크타우에서 좀 더 올라가면 바로 아트라우다.

아내와 함께 인천에서 배를 타고 청도까지, 이어서 베이징과 신장의 성도 우루무치를 거쳐 중앙아시아를 여행하고 발트 3국에서 지인들과의 만남, 칼리닌그라드, 벨라루스, 우크라이나, 루마니아, 몰도바, 크림반도, 러시아 소치와 터키 트라브존을 지나 캅카스를 밟고 지금은 카자흐스탄 아크타우 공항에서 머물고 있다.

여행 71일째 집같이 편안한 알마티

아크타우에서 6시 30분에 이륙해 3시간 20분 만에 알마티에 도착했다.

예레반에서부터 긴장 속에 한숨도 못 자고 달려와 피곤했지만 공항에서 택시를 타고 한인식당으로 가서 김치찌개를 순식간에 해치우고는 바로 앞 호텔로 들어오니 온몸이 나른했다.

알마티는 그냥 내 집같이 편안해 아무것도 안 하고 며칠간 곰처럼 겨울잠을 잘 수 있을 것 같다.

샤워를 하고 침대에 누워 언제 잠들었는지 모르겠다.

여행 77일째 알마티에서 여행을 마치며

밤새 소나기가 무섭게 내리더니 아침에는 커다란 솜털구름이 둥실둥실

알마티 니콜스키 성당

완연한 가을 날씨다.

3일간 호텔에서 그동안의 여행 시간을 돌아보고, 2009년 열이틀 간 머물렀던 한우리 민박집으로 두 달 만에 돌아왔다.

2009년에도 아스타나에서 러시아 노보시비르스크로 가서 블라디보스토크까지 시베리아 횡단열차를 타려던 나는 뜻하지 않게 알마티에서 여행을 마무리했는데, 이번 여행도 알마티에서 마치게 되었다.

알마티의 봄은 바쁘다.

겨우내 꽁꽁 얼어붙었던 꽃밭을 녹이는 대형 물차가 쉴 새 없이 오가고, 환경미화원들의 손끝에서 거리가 환하게 웃음꽃을 피우듯 변신한다.

알마티의 여름은 흥겹다.

싱그러운 나무 그늘 아래 앉아 노인들은 체스를 두고, 젊은이들은 야외 카페에서 맥주와 보드카를 마시고, 아이들은 거리에서 비둘기와 신나게 놀고 있다.

알마티의 가을은 무지개다.

색동저고리를 입은 듯 알록달록한 나뭇잎들이 서로 몸매를 자랑한다.

알마티의 겨울은 철학자다.

알마티 젠코브 대성당

　하늘에 닿을 듯한 고목 위에 새하얀 눈이 내려앉아 나뭇가지들이 부러질 듯 아슬아슬하다.

　칙칙한 알마티의 거리를 밝혀 주는 형형색색의 꽃들로 장식된 봄, 보드카를 건배하던 뜨거운 여름, 그리고 일곱 빛깔 낙엽 길을 밟던 가을 거리도, 허리까지 푹푹 빠지며 배낭을 메고 눈밭을 헤집고 다니던 겨울, 그 거리들이 그립다.

　알마티의 봄 여름 가을 겨울을 함께한 나는 알마티에서의 사계절을 추억 속에 담아 두었는데, 지금 또 다른 추억에 취해 있다.

제3장

61일간의 여행길

칼리닌그라드에서 벨라루스로

여행 22일째 러시아 칼리닌그라드에서 벨라루스 민스크로

2012년에도 아내와 함께 동해에서 배를 타고 러시아 블라디보스토크항으로 입항해 시베리아 횡단열차를 타고 모스크바로, 이어서 상트페테르부르크에 도착했다.

그리고 여행 22일째 되는 날 모스크바 시간 오후 4시 37분, 칼리닌그라드 남부 기차역에서 오후 3시 37분에 출발하는 벨라루스 민스크행 기차를 기다리고 있다.

박물관 같은 모스크바 지하철을 보고 감탄을 하는데, 칼리닌그라드 남부 기차역 안 숙소인 꼼나띄 옷띄하도 10루블을 내야 하는 화장실도 모스크바나 상트페테르부르크 못지않다.

칼리닌그라드에 머물 때 다시 찾고 싶은 곳이 기차역 안의 게스트하우스와 화장실이라니 의아하겠지만 분명 명물이다.

2011년에는 리투아니아 빌뉴스에서 유로라인 버스를 타고 벨라루스 민스크로 입국했는데, 2012년에는 기차를 타고 들어간다.

러시아를 비롯한 옛 소련 연방공화국의 기차를 수없이 탔지만 러시아 가장 서쪽 영외 영토인 칼리닌그라드에서 리투아니아와 벨라루스를 거쳐 다시 러시아로 들어가는 이 기차는 출발할 때 경쾌한 록 음악을 틀어준다.

의외였다. 어깨가 들썩이는 신나는 음악을 들으니 1990년대 중후반 중국 베이징에서 신장 우루무치를 거쳐 카슈카르까지, 이어서 중앙아시아로 이어지는 실크로드 기차 여행 때 출발할 때와 도착할 때 흘러나오던 실크로드 경음악이 떠올랐다. 그때도 의외였다.

저녁 7시 칼리닌그라드 네스테롭 국경선에 도착하자 화가 잔뜩 난 것 같은 마약견들이 킁킁대며 냄새를 맡고 지나가더니, 뒤따라 올라온 여자 세관원 다섯 명이 여권에 스탬프를 팍팍 찍으며 지나갔다.

10분 후 리투아니아 쿠바르타이 국경선에서도 다섯 명의 남자 세관원이 체크 단말기를 들고 와서 후다닥 끝냈다.

그리고 나서 잠깐 눈을 붙였는데 또다시 0시에서 2시 사이 리투아니아와 벨라루스 국경선을 통과하느라 뜬눈으로 밤을 보냈다.

벨라루스 국경선의 여자 세관원이 입국 스탬프를 찍어 주면서 민스크에 도착해서 반드시 벨라루스 여행자 보험에 가입하라고 신신당부했다.

"여권 좀 주시겠어요?"

"여기 있습니다."

"벨라루스 비자는 여기 있고, 벨라루스 여행자 보험 서류는 가지고 계신 가요?"

"아니, 아직 준비하지 못했습니다. 혹시 여기 국경선에서 만들어 주시면 고맙겠습니다."

"여기선 만들 수 없고 민스크에 가서 꼭 하셔야 해요. 우선 입국 스탬프는 찍어 드리겠습니다."

"감사합니다."

2011년 리투아니아 빌뉴스에서 벨라루스 민스크로 입국할 때도 여자 세관원이 여행자 보험에 대해 안내해 주었다.

한국에서 여행자 보험을 든 것과는 별도로 벨라루스 여행자 보험은 벨라루스를 여행하는 동안 외국인은 반드시 가입해야 한다. 만에 하나 사고가 발생할 경우뿐만 아니라 호텔 체크인을 할 때도 요구하며, 혹 경찰의 검문검색을 받을 때도 필요한 서류다.

새벽 3시 09분 낯익은 벨라루스 민스크 기차역에 도착했지만 움직이기가 막막해 기차역에서 날이 밝을 때까지 기다릴 수밖에 없었다.

칼리닌그라드에서부터 민스크까지 바로 옆 침대칸에 타고 온 마샤도 우크라이나 하리코프까지 가는 기차를 갈아타기 위해 오전 9시까지 민스크 기차역에서 기다려야 했다.

"리! 피곤할 텐데 호텔로 안 가고 왜 여기 있어요?"

"날이 밝으면 지하철이나 버스 타고 가려고요."

날이 밝아올 때까지 의자에서 꾸벅꾸벅 졸고 있을 나에게 마샤가 자기 배낭을 맡기고 밖으로 나갔다가 20분쯤 지나 돌아와서는 기차역에서 가까운 저렴한 호텔을 알아봤다며 같이 가자고 했다.

먼저 기차역 2층에 있는 환전소에서 100달러를 환전하니 1달러에 8,320벨라루스루블이다. 2011년에는 1달러에 5,100벨라루스루블이었는데 일 년 만에 3,220벨라루스루블이 껑충 올랐다.

마샤와 내가 기차역 옆에 있는 익스프레스 호텔로 들어서자 졸고 있던

안내인이 빈 방이 없다는 표지판
을 내놓았다.

마샤가 고개를 숙이며 "안녕하
세요! 여행자인데 방 하나 주시
겠어요?" 하자, 안내인이 마샤와
나를 번갈아 쳐다보더니 고개를
갸우뚱하며 말했다.

"미안하지만 부부가 함께 잘 방이 없네요."

마샤가 웃으면서 "우리는 부부가 아니고 한국
여행자 한 사람만 잘 수 있는 방이 필요해요."

그래도 방이 없단다.

다시 한 번 마샤가 혼자 자는 방이 없으면 여
러 명이 자는 방 중에 침대 하나를 달라고 하자, 3인실에 침대가 하나 있
는데 외국인 여행자에게는 불편해서 권하기가 곤란하단다.

마샤가 나를 쳐다봤다.

무조건 OK! 84,480벨라루스루블이니 침대 하나에 약 10달러 정도다.

빈 방이 나오는 대로 1인실로 바꿔 주겠다고 했지만 그냥 3인실에서 며
칠 머물기로 했다.

배낭을 안내 데스크에 맡겨 놓고 다시 기차역 대합실로 돌아와 차 한
잔하고 헤어지는데 마치 연인과 이별하는 기분이었다.

벨라루스와 우크라이나 서부 지역을 여행하고 몰도바를 지나 크림반도
에서 우크라이나 동부 지역 하리코프에 도착할 예정인데, 마샤가 수첩에

전화번호를 적어 주며 하리코프에 오면 꼭 연락하라고 한다.

"미스터 리! 하리코프에 오거든 꼭 전화하세요!"

"마샤, 고마워!"

여행 23일째 벨라루스 여행자 보험을 들다

12시까지 깊은 잠에 빠져 있었다. 3인실에는 작은 세면대와 화장실밖에 없어 생수병이나 음료수병에 물을 받아 머리도 감고 샤워를 하는데, 물이 찔끔찔끔 나와 성질 급한 사람은 울화통이 터진다.

나는 슈퍼에서 1리터짜리 물을 세 병 사 와 머리도 감고 샤워도 했다. 여기에 머무는 동안은 이렇게 샤워를 해야 하는데, 군대도 아니고 내가 선택한 여행길이니 웃고 넘어갈 수밖에.

호텔을 나와 제일 먼저 눈에 띄는 교통경찰한테 다가가 물었다.

"벨라루스에 입국할 때 여행자 보험을 들지 않아 보험을 들어야 하는데 어디로 가야 합니까?"

"여기서 제일 가까운 보험회사는 이 길로 직진해서 두 번째 사거리 못 미처 오른쪽 1층 건물에 있습니다. 아마 회사 간판이 보일 겁니다."

"고맙습니다."

쉽게 찾았다.

"한국에서 온 여행자인데 여행자 보험을 들러 왔습니다."

한 달 벨라루스 여행자 보험은 123,600벨라루스루블, 약 15달러, 2011년과 별 차이가 없었다. 여행자 보험을 들고 나니 든든했다.

승리 광장

명함을 가져오지 않아 벨라루스 고려인 협회 리기미 회장 사무실을 예약 없이 방문했다. 다행히 자리에 있어 일 년 만에 다시 만났다.

리기미 회장은 여행자인 내가 도무지 이해가 안 되는 모양이었다. 러시아나 벨라루스 사람들도 하기 힘든 시베리아 횡단열차를 타고 한국에서부터 벨라루스까지 배와 기차를 타고 왔으니, 지금까지 수많은 한국 사람들을 만나봤지만 나처럼 벨라루스에 온 사람은 없다며 혀를 내두른다. 한두 번도 아니고 벨라루스에 올 때마다 고생을 사서 하니 그럴 만도 했다.

"리, 힘들지 않아요?"

"아니요! 즐겁습니다."

언제나 다정스럽게 맞아 주는 누님. 서너 시간의 만남이 짧기만 했다.

국립도서관

194

여행 24일째 종일 몰도바 대사관을 왔다 갔다 했다

오전에 몰도바 비자를 신청하러 대사관을 방문하니 오후 3시에 오란다. 그때 가니 5시에 와서 신청서를 작성하라고 한다. 은근히 부아가 나려고 했지만 다시 몰도바 대사관에 가서 신청서를 써서 냈더니 내일 모레 11시에 오라고 해, 내일 모레 민스크를 떠나는데 내일 오면 안 되느냐고 물으니 그럼 내일 오란다.

하루 종일 비자를 신청하러 왔다 갔다 했더니 어느덧 날이 어두워졌다.

옛 소련 열다섯 연방공화국을 여행하면서 비자를 신청할 때마다 이런 번거로움을 너무 많이 겪어 그러려니 하다가도 막상 부딪히면 그렇지 않다.

2012년까지도 비자를 받아야 입국할 수 있는 나라가 대부분이었다. 하나둘 줄어들었지만 러시아를 비롯해 동슬라브 지역에 속한 벨라루스와

공화국 광장

몰도바, 캅카스의 아르메니아
와 아제르바이잔, 중앙아시아
에서는 여전히 키르기스스탄
을 제외한 카자흐스탄, 타지
키스탄, 우즈베키스탄, 투르크
메니스탄이 비자를 발급받아
야 한다.

그리고 독립된 열다섯 공화
국에서 다시 분리 독립을 했거
나 독립 투쟁을 하고 있는 압하
지야 공화국과 2018년 아르차흐
공화국으로 나라 이름을 변경한 나고르노 카라바흐 공화국, 그리고 트랜
스드네스트르 공화국에 입국할 때도 비자 또는 입국 허가서를 받아야 들
어갈 수 있다.

2021년에는 벨라루스와 아제르바이잔, 타지키스탄, 투르크메니스탄, 아르차흐 공화국, 트랜스드네스트르 공화국 등 몇 나라 남지 않았다.

여행 25일째 어렵게 받은 몰도바 비자

정확히 오전 11시에 다시 몰도바 대사관을 찾아갔다.

두 번째 신청서를 작성해 영사한테 전달하자 신청서를 찬찬히 살펴보던 영사가 직업란에 'CIS 여행가이자 작가'라고 쓰인 것을 보고 어떤 책을 썼는지, 기자냐고 물었다. 그러면서 명함을 달라고 했다.

그는 내 여권을 보면서 2011년에도 몰도바를 여행했는데 무엇 때문에 또 가는지 궁금해하며 CIS에 대한 질문을 쏟아내더니 비자 비용 입금 서류를 건넸다.

뭐가 그리 궁금한지 한 시간을 붙잡아 두었다.

바로 벨라루스 은행에서 입금을 하고 입금 증명서를 영사한테 전하자 오후 3시에 다시 와서 비자를 받아가란다. 휴~.

3시에 몰도바 대사관을 여섯 번째 방문하여 몰도바 비자를 손에 넣었다. 어제도 세 번, 오늘도 세 번 방문했는데 이틀 간 비자를 받느라 발바닥이 땀에 흠뻑 젖었다.

영사는 "이번 여행 잘하고 몰도바에 관한 글을 쓸 때 잘 써 달라"면서 악수를 청했다. 장난삼아 손에 힘을 주면서 멋진 책을 만들어 한 권 선물하겠다고 하니 웃었다.

2011년 우크라이나 키예프에서 몰도바 비자를 받을 때는 아주 간단했다. 비자 신청서를 작성할 때 몰도바 멀티 비자를 요청하자 문제없다며 지정된 은행에 비자 요금을 내고 영수증을 가져오니 그 자리에서 발급해 주었다.

2011년 나와 같이 키예프 야로슬라브 유스 호스텔에 머물던 미국인 제프리와 제이슨은 내가 몰도바 한 달 멀티 비자를 받아오겠다고 하자 KGB 아니냐고 농담을 했었다. 하여튼 키예프든 민스크든 나는 한 달 멀티 비자를 받았다.

기차표나 버스표를 살 때 줄을 서서 사는 것이 아주 익숙한데도 오늘 민스크 기차역에서 그로드나 기차표 사는 것은 포기했다. 여행을 하면서 참고 기다리는 것을 자연스럽게 터득한 것 같은데, 하여튼 두 손 두 발 다 들었다.

기차표를 파는 창구가 1~28번까지 있는데 사람이 얼마나 많은지 아예 포기하고 중앙 버스터미널에 가서 버스표를 샀다. 버스보다 운치 있는 기차를 타고 싶었는데, 기다리는 마음을 더 가져야 할 것 같다.

민스크에서는 기차역, 버스터미널, 슈퍼마켓은 물론이고 가는 곳마다 길게 줄을 서는 것이 일상인데, 일식당에 저녁을 먹으러 갔다가 이곳에서도 한 시간 이상 기다려야 했다.

오기가 발동해 두 시간 가까이 기다린 끝에 겨우 테이블 하나 얻어 만만한 보드카만 들이켰다. 어제와 오늘은 인내심을 테스트하는 날이었다.

몰도바 대사관에서, 기차역에서, 심지어는 일식당에서 인생은 기다리는 것이라고 새삼 일깨워 주었다.

여행 26일째 민스크를 떠나 그로드나 - 브레스트로

민스크는 옛 소련 해체 과정에서 독립국가연합 제3차 정상회담을 개최한 CIS 사무국이 있는 940여 년의 오랜 역사를 가진 도시다.

제2차 세계대전 때 폭격으로 70~80% 이상 폐허화되었다가 새롭게 건설한 도시라 중앙로인 니자비시모스띠 도로를 걷다 보면 말끔하게 정리되어 있어 오래된 도시 같은 느낌은 들지 않는다.

민스크 시내를 가로지르는 스비슬로치 강가를 거닐다 야외 카페에서 찐한 커피 한잔을 마시며 지난 벨라루스 여행 시간들을 돌이켜보고 새로운 계획을 세웠다. 그냥 멍하니 앉아 쉬고 싶을 땐 이 스비슬로치 강가 야외 카페가 제격이다.

리기미 회장에게 전화로 오늘 민스크를 떠나 한 달 후에 다시 돌아와서 뵙겠다고 안부를 전했다.

민스크를 떠나 그로드나로 향했다.

민스크 중앙 버스터미널에서 아침 7시 50분에 떠나 그로드나에 도착해서 버스터미널 물건보관소에 배낭을 맡기고 가벼운 마음으로 산책을 하고 쉬었다 간다.

옛 소련 열다섯 연방공화국을 여행하다 보면 버스터미널과 기차역에 물건보관소가 있어 잠시 또는 하루 이틀 머물다 떠날 때 짐을 맡겨 놓고 가볍게 돌아볼 수 있어 좋다.

워낙 면적이 넓은 나라여서 몇 시간이면 도착하는 우리나라에서는 볼 수 없는 특이한 광경이다.

그로드나 성당

아기자기한 구시가지를 돌아보는 재미도 괜찮았다. 걷다가 다리가 아프면 쉬면서 커피도 마시고, 그로드나를 떠날 땐 역시 보드카로 마무리했다.

그로드나에서 다시 오후 4시 30분에 출발하여 브레스트로 향했다.
벨라루스 서부 국경에 위치한 브레스트는 유럽으로 향하는 관문 도시로 벨라브즈스카자 푸시차 국립공원을 따라 브레스트로 오는 길은 울창한 숲으로 되어 있어 휴양림으로는 최고다.

벨라루스를 왜 '유럽의 허파'라고 하
는지, 이 길을 따라가면 알 수 있다. 원
시 그대로 보존된 자연과 수천 개의 하
천과 호수, 그리고 독특한 지형과 다양
한 희귀 동식물이 서식하는 자연보호
구역이다.

벨라루스에서는 새와 사슴과 멧돼지
는 물론 물개, 여우, 늑대 등을 사냥하고
전리품을 반출할 수 있어 사냥을 즐기는 여행자들이 많이 찾는다.

나는 사냥을 할 수 없지만 대중교통을 타고 벨라루스 시골 마을을 꼬불

꼬불 돌아가는 것만으로도 대만족이다.

2011년에 묵었던 브레스트 부흐 호텔에 배낭을 풀었다. 그때나 지금이나 안내원 아가씨들은 왜 이리 무뚝뚝한지 아쉽다.

분위기를 바꿔 보려고 2011년에 머물렀던 영수증을 보여 주었는데도 아가씨의 표정은 변함이 없었다.

샤워를 하려면 1달러를 내고 정해진 시간에 해야 했는데, 다행스러운 건 혼자 편안하게 샤워를 할 수 있어 좋았다.

여행 27일째 브레스트에서

브레스트 버스터미널에서 우크라이나 리보프 가는 버스표를 사면서 여권을 보여 주니 역시 사람 티켓, 배낭 티켓 따로따로 계산한다.

배낭 무게와 크기에 따라 다르니 얼마나 현실적인가.

현실적으로 세상을 살아가는 것이 쉽지 않지만, 나는 여행을 통해 조금씩 배워 가고 있다.

하지만 아직도 현실을 직시하지 못하고 있으니….

일 년 만에 다시 우크라이나

여행 28일째 브레스트에서 우크라이나 리보프로

오전 8시 45분 브레스트를 떠나 한 시간 후 벨라루스 국경선을 통과하고 10분 후 우크라이나 서북쪽 가장 구석자리에 있는 샤즈브키 국경선을 통과하는데 세관원이 올라와 한마디했다.

"신사 숙녀 여러분! 혹시 마약이나 마리화나 그리고 1만 유로 이상 가진 사람은 자진신고를 하면 봐주겠습니다."

그러자 버스 안에 작은 파문이 일었다.

내 여권을 검사하던 세관원은 일 년 만에 같은 국경선을 통과하는 나를 이상하다는 눈으로 쳐다보았다. 그러면서 KGB면 무사 통과시켜 주겠다고 농담을 건넸다.

국경선을 통과하자마자 1달러에 8.05흐리브냐라는 환율이 먼저 눈에 들어오고, 버스에 탄 노인들은 내 모습이 신기한 듯 계속 말을 걸어오는데, 러시아어와 우크라이나어가 비슷해서 헷갈렸다. 보드카를 한잔 마셔야 알아들을 수 있을 것만 같다.

중앙 버스터미널에서 까만예츠포딜스키로
가는 시간을 확인해 보니 2011년에는 아침 7시 한 대밖에 없었는데 이번에
는 오전 8시, 10시 15분 두 대가 출발한다. 우선 내일 10시 15분에 출발하
는 버스표를 예매하고 지난번에 묵었던 아트 호스텔 8인실에 배낭을 풀자
마자 한 녀석이 와서는 마리화나를 피워 보란다.

오페라극장

국경선 세관원의 농담이 여기서는 진담으로 바뀐다. 그냥 딱 한 번만 해보라는 녀석들이 우글거린다. 만일 내가 보드카를 배우지 않고 담배를 피웠다면 금발의 아가씨가 웃으며 마리화나를 권했을 때 넘어갈 수도 있지 않았을까?

지금 내 방 선반 위에는 마리화나를 피워 보라고 했던 녀석이 선물로 준 성모 마리아 조각상이 놓여 있다.

여행 29일째 리보프에서 까만예츠포딜스키 - 체르니프치로

10시 15분 리보프를 출발해 오후 5시 20분 까만예츠포딜스키에 도착했다. 다시 이어서 6시 30분 막차를 타고 밤 8시 체르니프치에 도착했다. 2011년에도 왔지만 여운이 남아 있는 곳이라 다시 왔다.

택시를 타고 아담한 까만예츠포딜스키를 한 바퀴 돌고 버스터미널에 돌아오니 그래도 시간 여유가 있었다.

스스로 무모한 여행을 하고 있다는 생각이 들지만 보고 싶은 곳을 일 년 만에 다시 와서 여행하고 있는 나는 정말 못말리는 여행자다.

우크라이나 서남부에 있는 체르니프치 버스터미널에서 몰도바 키시네프로 가는 버스는 오전 7시 35분~오후 5시 30분, 12시~오후 6시 35분, 오후 2시 10분~10시, 12시 45분~오전 6시 15분, 하루 네 번 운행된다.

루마니아 수체아바로 가는 차편도 오전 7시 10분 출발, 11시 35분에 도착하는 버스 한 대밖에 없는데, 2011년에는 수체아바와 야시를 통해 몰도바 키시네프로 들어가려 했었다.

세브첸코 동상

만일 키예프에서 몰도바 비자를 받지 않을 경우 야시에서 비자를 받아 입국하는 것이 시간상 절약된다.

하지만 7~8월 몰도바 영사관이 문을 닫으니 미리 꼭 확인해야 한다.

일 년 만에 다시 묵게 된 부코바 호텔에서 샤워를 하고 나니 천둥과 번개를 동반한 소나기가 쏟아졌다. 양동이로 퍼붓듯 하는 소나기가 여행자의 발목을 잡는다.

세인트 스피릿 대성당

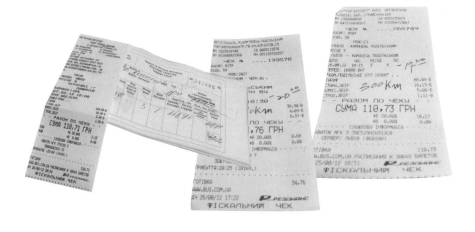

Moldova

우크라이나에서 몰도바 키시네프로

여행 30일째 우크라이나 체르니프치를 떠나 몰도바 키시네프로

우크라이나 체르니프치를 떠나 1시간 10분 후 우크라이나 국경선에 도착했다. 우크라이나 국경선을 통과하면 몰도바 국경선은 표시만 해 놓고 검문소도 보이지 않는다. 여기서 약 330km를 더 달려가면 몰도바의 수도 키시네프다.

2011년 우크라이나 하리코프에서 몰도바 키시네프로 입국할 때도 역시 입국 스탬프가 없었는데, 지금은 아예 검문소도 없다.

우크라이나와 루마니아에서 육로로 몰도바에 입국하는 국경선이 현재 열두 곳이 있는데, 입국 스탬프를 찍어 주는 곳이 있는지는 다 돌아보지 않아 정확히 알 수는 없다.

다시 일 년 만에 키시네프 제레나 호텔로 달려가 작년에 받은 명함을 내밀자 안내인 아주머니가 환하게 웃었다.

하룻밤에 161레이, 1달러에 11.5레이다.

배낭을 내려놓고 시청 광장으로 나갔다. 얼마나 사람이 많은지 발 디딜

스테판 3세 동상

틈이 없었다. 그리고 보니 8월 27일, 몰도바 독립 기념일 축제가 한창이었다.

흥청거리는 젊은이들을 바라보며 문득 이런 생각을 했다.

'몰도바와 타지키스탄이 그리고 에스토니아와 아르메니아가 옛 소련 시절
에는 한 나라였다는 것을 지금 젊은이들은 어떻게 생각할까?'

국립박물관

여행 31일째 키시네프, 세상의 변화에 휩쓸리다

키시네프 거리는 온통 쓰레기다. 마시고 버린 맥주병과 음료수 캔, 휴지가 나뒹굴고 있다.

2011년 이곳을 여행하고 캅카스의 조지아 트빌리시에서도 지저분한 거리 때문에 크게 실망했는데, 이곳에서도 똑같은 경험을 한다.

2018년 이전까지 유럽에서 가장 가난한 나라였던 몰도바. 수도 키시네프의 구석구석이 어지럽기만 했다.

교통 체증이 심해 영화에 자주 나오는 멕시코시티나 나이로비처럼 거리마다 꽉꽉 막혀 걷는 것이 더 빠를 정도다.

이름만 들어도 아름다운 몰도바 키시네프와 조지아 트빌리시가 세상의 변화에 휩쓸려 가는 것만 같다.

어제부터 한바탕 비가 내리더니 어느덧 가을이다.

바람이 어찌나 세게 부는지 낙엽이 나뒹굴고 야외 카페도 썰렁하고 저녁 8시가 되니 경찰들이 눈에 띄게 늘어났다.

혹시 몰도바에서 독립을 선언한 트랜스드네스트르 공화국 때문에 치안이 문제가 될 것 같지만, 여행에는 전혀 문제가 없다.

여행 32일째 여행자들의 발걸음이 많아진 키시네프

키시네프에 게스트하우스가 생기기 시작한 것을 보니 여행자들의 발걸음이 점점 많아지는 것 같다. 머지않아 몰도바도, 지금은 들어가고 싶어하지 않는 트랜스드네스트르 공화국도 점점 찾는 사람이 많아질 것 같다.

호텔 1층 안내 데스크 할머니에게 몰도바 멀티 비자를 가지고 있는 한국

인 여행자가 트랜스드네스트르 공화국을 가는 데 문제가 없냐고 묻자, 잠시 기다리라 하고는 여기저기 전화를 해 보더니 표정이 영 불안해 보인다.

조지아의 압하지야나 남오세티아와 정치 상황이 거의 비슷한 트랜스드네스트르 공화국에 입국하려면 의무적으로 200유로를 휴지 같은 현지 돈으로 환전해야 한다. 그런데 남은 돈은 다시 환전해 주지 않는다.

2016년 아내와 함께 한 달 간 몰도바를 여행하면서 트랜스드네스트르 공화국에 입국할 때는 의무적이던 200유로는 없어졌다.

2011년에 새로 생긴 패스트푸드 식당이 있는데 입맛에 잘 맞아 키시네프에 머물 땐 이곳에서 세끼를 해결하니 직원들이 알아서 자동으로 퍼주었다. 여행하면서 입맛에 맞는 식당을 찾기가 쉽지 않은데, 이것도 여행자의 행복이라면 행복 아닐까.

또다시 크림반도, 흑해가 품은 도시들

여행 33일째 몰도바 키시네프에서 오데사로

3인실을 혼자 독차지하고 편하게 지내고 있는데 어제 늦게 나이든 루마니아 남자가 들어왔다.

서로 눈인사를 나눈 다음 나는 샤워를 하고 곧바로 침대에 누워 책을 보고 있었다. 그런데 이 남자 이상한 취미를 가졌다.

샤워를 하러 가면서 맨발에 구두를 신는가 하면, 한겨울도 아닌데 털모자를 쓰고 저녁을 방에서 먹은 다음 머리맡 테이블 위에 커다란 칼 한 자루를 올려놓았다.

단둘이 자는데 칼을 옆에 두고 있으니 기분도 묘하고 꽤 신경이 쓰였다. 거기에다 밤새 코를 곯아 잠을 설치고 말았다.

우크라이나 체르니프치에서 몰도바 북쪽 발티 국경선을 통해 키시네프로 입국했는데, 이번엔 키시네프에서 남동쪽 팔랑카 국경선으로 출국했다.

끝없이 펼쳐진 노란 해바라기와 밀밭 그리고 포도 넝쿨이 그림같이 펼쳐진 아름다운 풍경과 크게 잘 자란 옥수수를 수확하며 함박웃음을

남극 대륙에 묻힌
용감한 고래잡이 선원들의 기념탑

짓는 농부들을 바라보며 몰도바를 떠났다. 마음으로 가슴으로 추억으로 담아 오는 것이 사진을 찍는 것보다 오래 남을 것 같다.

일 년 만에 또다시 몰도바에서 똑같은 국경선을 지나 오데사에 왔다.

여행 34일째 오데사에서 얄타 - 심페로폴로

오데사에서 12시간 야간 버스를 타고 이튿날 오전 10시 얄타에 도착했다. 그렇게 장시간 버스를 타고 다니는 것이 점점 버겁게 느껴진다. 혈기왕성한 청년도 아니니 그럴 만도 하다. 가끔 여행사를 통해 여행을 하고 싶다가도 아직 홀로 배낭 메고 떠나는 여행이 좋다.

얄타 해변 의자에 앉아 있는데 반가운 우리말이 들려와 옆을 보니 한국인 가족이 있었다. 휴가차 얄타에 온 모스크바 주재원 가족이었다. 나중에 키예프에서 지인과 대화를 하다가 그들과 서로 아는 사이임을 알았다. 넓고도 좁은 세상, 조심스러운 것이 한두 가지가 아니다.

얄타에서 오후 3시 15분에 떠나 5시 5분 심페로폴에 도착했다. 이어서 심페로폴 기차역에서 9월 1일 0시 30분 하리코프로 향하는 기차를 기다린다. 지금 시간 오후 8시, 앞으로 4시간 더 기다려야 하지만 누울 수 있는 침대 기차가 기다리고 있어 마음이 놓였다.

여행 35일째 심페로폴에서 하리코프로 다시

0시 35분 심페로폴 기차역을 출발해 아침 10시 38분 하리코프에 도착했다. 역시 이동할 때는 버스보다 기차가 훨씬 편하다. 장기간 여행할 때는 침대칸이 있어 더 좋다.

모든 기차역마다 있는 것은 아니지만 하리코프 기차역에는 남녀 샤워실이 따로 있고 수건과 샤워용품도 나눠 준다. 또 바로 옆 물건보관소에 배낭, 카메라 등 중요한 물건을 맡길 수 있어 정말 편리하다.

알렉산드르 네브스키 성당

성령 버진 레이디 오브 오 제리 이나 교회와 수도원

엊그제는 버스에서 어제는 기차에서 잤더니 내 모습이 말이 아니었는데, 시원하게 샤워를 하고 나니 날아갈 것만 같다.

날씨도 정말 좋다. 이럴 땐 기차역 앞 야외 카페에 앉아 시원한 생맥주 한잔이 최고다.

마샤에게 전화를 할까 하다 그만두었다.

러시아 칼리닌그라드에서 벨라루스 민스크까지 바로 옆 침대칸에 같이 있었고 민스크에서는 새벽에 호텔을 찾아준 고마운 친구인데, 마음의 인사만 남기고 오늘 밤 하리코프에서 키예프까지 우크라이나에서는 처음으로 특급 기차를 타고 키예프로 향했다.

　2021년 현재 동부 돈바스 지역인 도네츠크, 루안스크, 슬로반스크, 하리
코프 등이 우크라이나로부터 독립을 선언하고 정부군과 교전을 하고 있는
준 전쟁 상황이어서 안부가 궁금하긴 하다.

　이 특급 기차는 현대 로템에서 2012년 유럽축구대회를 앞두고 만든 건
데, 우연히 현대 로템 직원을 만나 물어보니 하리코프에서 폴타바까지 최
대 시속 160km로 달릴 때 문제가 있는지 확인 중이란다.

　2011년에는 9월 1일 하리코프에 도착했는데, 2012년에는 같은 날 떠난
다. 밤 11시 15분 키예프 기차역에 도착해 3층으로 올라가니 다행히도 호
텔 문이 열려 있었다.

여행 36일째 하리코프에서 키예프로

이틀간 버스와 기차에서 잠을 자고 어제 하리코프에서 출발하여 키예프 기차역에 도착하니 온몸이 녹초가 되어 샤워도 하지 않고 3인실 침대에 누웠다.

2011년까지는 꼼나띄 옷띄하였는데 지금은 기차역 호텔로 바뀌었다. 키예프에 올 땐 늘 야로슬라브 유스 호스텔로 향하는데, 이번에는 너무 늦게 도착하여 기차역 호텔에 머물렀다.

3층 방에서 기차역 광장을 바라볼 수 있고 넓은 방에 냉장고와 샤워실, 화장실 등도 맘에 쏙 들었다.

한강식당에서 김치찌개로 이른 저녁을 먹고 일찍 자려고 호텔에 들어왔는데, 이라크에서 온 젊은이가 창가에 걸터앉아 담배를 피워 물고 큰 목소리로 전화 통화를 하고 있었다.

문득 2011년 터키 트라브존에서부터 조지아 바투미 민박집까지 동행한 이라크 청년이 떠올랐다.

홀로도모르 희생자 추모탑 소녀상

그래도 현재 이라크 상황에서 여행을 할 수 있는 젊은이라면 괜찮은 청년일 수 있겠다 싶다. 나와 이라크와 무슨 인연의 끈이라도 생길지 모를 일이다.

여행 37일째 키예프에서

키예프 기차역 호텔에서 방안을 이리저리 휘젓고 다니던 이라크 청년은 하룻밤 자고는 피난민 같은 커다란 짐을 짊어지고 가버렸다. 녀석의 침대 위에는 온통 쓰레기 천지였다.

키예프 구시가지인 보드리보스 대로의 예술 거리는 폐장 시간이 되어서 그런지, 아니면 유럽축구대회 후유증인지 초라하고 허전했다.

허전함을 느끼며 언덕길을 올라오는데 한국 아가씨가 길을 물어왔다. 이탈리아에서 유학하는 이 여학생은 우크라이나가 초행길이라 너무 힘들다며, 까만예츠포딜스키와 체르니프치를 여행한 후 루마니아 수체아바로 가려는데 러시아어를 못한다면서 함께 가서 표를 구해 달라고 부탁했다.

방금 내가 지나온 길이어서 버스터미널로 가 표를 구해 주고 지하철역까지 바래다주었다. 여학생의 발걸음이 무척 무거워 보였다.

키예프에서 벨라루스 고멜을 거쳐 민스크까지 가는 기차는 하루 한 대뿐으로 내일 출발하는 티켓을 구했다.

9월 4일 밤 9시 56분 키예프역을 출발해 다음 날 새벽 4시 7분 벨라루스 고멜에 도착하는 동안 이 나라 사람들과 함께하는 순수한 여행 시간이다.

낯선 곳에서 같은 기차 같은 버스를 타고 음식도 잠자리도 함께하는 것이 간단치 않지만, 어떤 상황이 벌어져도 여행길에선 기대 반 설렘 반이다.

여행 38일째 키예프에서 벨라루스 고멜로

곤히 잠들었다가 바스락거리는 소리에 일어나 보니 네 명 중 두 명의 여행자가 새로 들어왔다.

오전에 혹시나 했던 보드리보스 대로에 나가 보니 역시 썰렁했다. 주변 건물들은 공사 중이어서 어수선하고, 그 많던 볼거리들은 아마도 공사가 마무리되고 나서야 다시 보게 될 것 같다. 여유롭고 느긋하게 산책을 즐기던 예술 거리는 다음 여행을 기약해야겠다.

점심을 먹고 나니 비가 내렸다. 이곳 날씨는 변덕스럽다. 잠깐 해가 고개를 내밀더니 검은 구름이 지나가고, 해가 저물자 날씨가 차가워져 옷을 갈아입길 잘했다.

12시에 체크아웃을 하고 기차역 4층 호텔에 맡겨 놓은 배낭을 찾았다. 키예프 중앙 기차역 창밖으로 어둠이 깔리고 아파트와 건물들에도 하나둘 불이 켜졌다.

2009년 이곳에서 카자흐스탄 아스타나까지 가려다 같은 침대칸에 탔던 카자흐스탄 청년의 초대를 받고 뜻하지 않은 또 다른 여행을 했던 추억을 안겨 준 키예프 중앙 기차역이다.

또 누군가와 만날지 모른다는 기대와 설렘을 안고 의자에 앉아 기차를 기다리며 책을 펼쳤다.

238

동굴대 수도원

　2011년까지만 해도 운행했던 키예프-블라디보스토크 구간도 없어지고 키예프-아스타나 구간도 눈을 씻고 봐도 없다.

　조금 전 올라탄 키예프-민스크 기차 안에 경쾌하게 흘러나오는 신나는 록 음악을 듣다 보면 9월 5일 새벽 4시 7분 벨라루스 고멜 기차역에 도착한다.

241

숲과 강의 나라 벨라루스

여행 39일째 벨라루스 고멜에서 모길료프로

새벽 2시와 3시 사이 우크라이나와 벨라루스 국경선에서 기차 안에 불이 환하게 켜졌다.

입출국 체크기를 들고 올라온 세관원들과 군인들이 지나가고, 자다 일어난 사람들은 비몽사몽에 거의 잠옷 차림으로 양쪽 국경선을 지나간다. 멍한 채로 출국과 입국을 하게 되는 것이다.

새벽 4시 7분 고멜 기차역에 도착하니 쌀쌀하고 춥다.

배낭에서 두툼한 외투를 꺼내 입고 대합실 의자에 앉아 날이 밝기를 기다렸다.

4년 만에 다시 찾은 고멜. 2층 기차역에서 내려다보이는 고요한 고멜의 새벽은 이른 시간 어디론가 가려는 사람들과 어쩌다 오는 손님을 기다리느라 택시 한두 대만 불을 켜고 있다.

날이 밝아 24시간 운영하는 건너편 환전소에서 환전을 하고 기차역 지하에 있는 물건보관소에 배낭을 맡겼다. 그리고 공원 산책로로 이어진 사즈강을 따라가니 벨라루스를 왜 숲과 강의 나라라고 하는지 알 수 있을 것 같다. 그로드나에서 브레스트를 여행하면서 느꼈던 숲과 강을 또 만났다.

1986년 4월 26일 우크라이나 체르노빌 원자력 발전소에서 큰 사고가 발생했을 때 바람이 북쪽으로 불어 방사능 낙진 약 70%가 벨라루스 영토에 떨어졌다.

체르노빌 바로 위쪽에 위치한 벨라루스 남동부에 있는 고멜에 상당량의 낙진이 떨어지는 바람에 방사능으로 오염되어 수많은 사상자가 발생했는데, 걷다 보니 일부 지역은 폐쇄 구역으로 남아 출입 금지 안내판이 이곳저곳 눈에 보였다.

그날의 사고를 기념하는 우울하고 비참한 동상들도 곳곳에 있다.

뚝 떨어졌던 기온이 정오가 되니 따스한 햇살이 드리운다.

11시 40분 고멜을 출발해 점점 북쪽으로 올라가 오후 2시 30분 모길료프에 도착하니 검은 구름이 하늘을 뒤덮었다.

비가 내리지 않은 것만으로도 감사하다.

1941년 제2차 세계대전 당시 독일군의 공격에 자그마치 25일이나 버텼던 모길료프는 유대인 학살이 시작된 곳으로, 옛 소련 영화를 볼 때 브레스트와 함께 슬픈 배경으로 나오는 곳이다.

약 1만 명의 유대인이 처형 실험장에서 학살당한 벨라루스와 유대인들에게는 과거의 악몽이 남아 있는 모길료프다.

벨라루스 3대 도시 중 하나인 모길료프는 드네프르 강 상류 남쪽 연안에 있는 항구 도시다. 상트페테르부르크와 모스크바 그리고 민스크를 연결하는 철도의 요지임에도 민스크뿐만 아니라 지방 도시로 가는 교통편이 다른 도시에 비해 불편하여 버스표를 살 때 미리미리 준비해야 한다.

삼위일체성당

타워 홀

여행 40일째 모길료프에서 비데브스크 - 민스크로

아침 9시 모길료프를 떠나 제정 러시아 출신의 유대계 프랑스 화가 마르크 샤갈의 고향인 비데브스크에 왔다.

옛 소련이 해체된 후 1992년부터 매해 여름 '슬라뱐스키 바자르'라는 국제 음악축제가 열리는 비데브스크는 표현주의의 대가이자 색체 마술사라 불리는 마르크 샤갈의 생가가 있는 벨라루스의 문화 수도다.

"비데브스크는 온통 샤갈이다!"

러시아의 정신과 유대인의 전통이 뒤섞인 이곳, 마르크 샤갈이 유년기를 보낸 생가는 샤갈 기념관으로, 샤갈문화센터는 여행자들을 맞이하느라 분주하다. 그리고 매년 샤갈국제문화제가 열린다.

볼셰비키혁명 이후 자유분방한 작품 세계가 사회주의 권력주의자들의 눈밖에 나 추방 압력을 받게 된 마르크 샤갈. 그의 본명은 모세와 연관되어 있다. 샤갈이라는 성은 '갈매기'라는 뜻으로, 마치 예언처럼 그는 어린 나이에 고향을 떠나 러시아로 돌아간 짧은 기간을 제외하고 유럽과 미국을 오가며 살았다.

옛 소련 당시에는 잊혀진 존재여서 마르크 샤갈의 생가에 대한 보전도 관심이 없다가 옛 소련 연방 해체 후 복원되었다.

피카소의 표현대로 20세기의 가장 뛰어난 색채화가 마르크 샤갈은 98세라는 오랜 경험을 통해 '삶의 수많은 얼굴'들을 마치 그림일기를 써 내려가듯 표현함으로써 대중에게 생의 기쁨과 평화의 메시지를 전하려 했기에 샤갈의 작품은 삶의 심오한 의미를 보여 준다.

비데브스크 스브야토 우스펜스키 정교회

부활성당

대성당 돔

간이의자에 앉아 캔맥주를 마시며 샤갈을 바라보니 그가 내게 윙크를 하는 듯하다. 중간에 잠깐 비가 내리긴 했지만 산책하기에 딱 좋은 날씨였다.

벨라루스에서 가장 아름다운 도시 비데브스크!

오후 5시 45분 비데브스크를 떠나 9시 30분 민스크 모스크바 버스터미널에 도착하여 옆 건물 3층 호텔에 가보니 40개의 방이 꽉 찼단다. 프런트 할머니는 안내 일지까지 보여 주며 정말로 방이 없다고 한다.

그러면서 내가 안돼 보였는지 가까운 호텔에 전화하여 방이 있는지를 확인하고 전화번호와 주소를 메모해 주었다.

지하철을 타고 기차역 익스프레스 호텔로 향했다. 이곳도 역시 만원이다. 얼마 전 익스프레스 호텔에 묵었던 영수증을 보여 주며 비슷한 침대를 부탁하고는 로비에서 기다리니 자정이 되어서야 겨우 2인실 침대 하나를 얻었다.

여행 41일째 민스크에서 국악 연습하는 학생들

고려인협회 리기미 회장과 함께 벨라루스 주재 한국대
사관에서 주최하는 고려인 모임이자 한국인의 행사를 앞
두고 열심히 국악 연습을 하고 있는 학생들을 방문했다.

여행 42일째 민스크 한국인의 행사

벨라루스 주재 한국대사관 1층 로비에서는 고려인 모임
이자 한국인의 행사로 여념이 없었다. 머나먼 민스크에서
만남과 동시에 또 기약 없이 헤어질 시간이 가까워 온다.

여행 43일째 민스크에서 리투아니아 빌뉴스로

2012년 9월 9일 벨라루스 민스크를 떠나 리투아니아 빌뉴스로 향했다.
민스크 중앙 버스터미널에서 11시에 출발해 오후 3시 10분 리투아니아
빌뉴스에 도착 예정이다.

M7 고속도로를 달리다가 다시 E28 국도를 따라서 가다 보면 민스크와
빌뉴스와의 거리가 184km라는 표지판이 보이고, 벨라루스 국경선에서 빌
뉴스까지는 약 30km라는 이정표가 나온다.
빌뉴스를 거쳐 리가까지는 468km, 발트 3국을 지나 내가 가고자 하는
모스크바까지는 706km다.

모스크바에서 시베리아 횡단열차 노선이 갈라지는 타이셰트로 이동해
제2 시베리아 횡단열차인 바이칼 아무르 철도를 따라 콤소몰스크나아무

레에서 하바롭스크와 블라디보스토크를 거쳐 배를 타고 동해항에 입항할 예정인데, 가도가도 끝이 보일 것 같지 않은 옛 소련 여행길이다.

이 여행길과 또 다른 여행길이 언제 멈출지 모르겠다.

우크라이나 Ukraine
크림반도 Crimean Pen.
벨라루스 Belarus
몰도바 키시네프 Moldova Kishinev